ENSEIGNEMENT

GRAMMATICAL

DIALOGUÉ

PAR **HIPPOLYTE CAPLAIN**,

ANCIEN INSTITUTEUR, ET ANCIEN MEMBRE DE LA SOCIÉTÉ DES MÉTHODES
D'ENSEIGNEMENT,

AUTEUR DE PLUSIEURS OUVRAGES CLASSIQUES.

> L'instituteur qui fait apprendre la grammaire sans la faire raisonner, ressemble au cultivateur inexpérimenté qui sème son grain à la volée sur une terre non préparée, et qui dit, en voyant sa mauvaise récolte : Mauvaise terre, mauvaise graine.

Prix : 1 franc 25 centimes.

SAINT-QUENTIN

IMPRIMERIE DOLOY ET PENET AÎNÉ

RUE SAINT-JACQUES, 2

1861

COURS CLASSIQUE

D'ENSEIGNEMENT GRAMMATICAL

COMPRENANT :

La Grammaire Française, 1 volume in-12, prix . . . . » 75

L'Enseignement en dialogues de la Grammaire Française ,
1 volume in-12 . . . . 1 25

Exercices Orthographiques, 1 volume in-12 . . . . » 75

Corrigé des Exercices Orthographiques, 1 volume in-12 . . . 1 25

Exercices Syntaxiques ou de Construction, 1 volume in-12 . . 1 »

Corrigé des Exercices Syntaxiques ou de Construction, 1 volume in-12 . . . . 1 25

Ouvrages du même Auteur :

Versions françaises. — Histoire Sainte.

Exercices de Calcul pratique en forme de comptes, appliqués aux
états et professions, et suivis de Notions et Modèles d'actes sous
seing-privé.

PRÉFACE

Pour savoir, il faut comprendre, apprendre et retenir.

Cet ordre d'idées est le programme obligé de toute Méthode.

Ce programme, appliqué à l'Enseignement grammatical, exige trois conditions indispensables :

1° Une Grammaire assez simple et assez claire pour que les enfants puissent la comprendre en la lisant ;

2° Une forme de langage qui aide à la mémoire ;

3° Un mode d'Explications et de Démonstrations qui implante et fixe la science dans l'esprit.

Nous avons la confiance d'avoir rempli les deux premières conditions dans notre grammaire ; la troisième est l'objet de ce livre :

1° Il présente la science grammaticale sous forme de conversation : c'est la Grammaire en action ;

2° Il donne d'une manière bien plus complète et plus régulière que des explications improvisées, les *Pourquoi* et les *Parce que* des faits de la langue ;

3° Il apprend aux enfants à raisonner juste et à parler correctement ;

4° Il indique pour chaque jour et dans un ordre régulier le travail des élèves ;

5° Il est pour les enfants la meilleure méthode de lecture courante qu'on puisse leur donner, à cause des tons et des inflexions de voix qu'il exige.

CONCLUSION.

Si la simplicité, la clarté, la précision est un progrès, une amélioration dans l'enseignement, il nous est permis de croire que c'est un avantage que cette méthode peut revendiquer, et que les Instituteurs lui reconnaîtront.

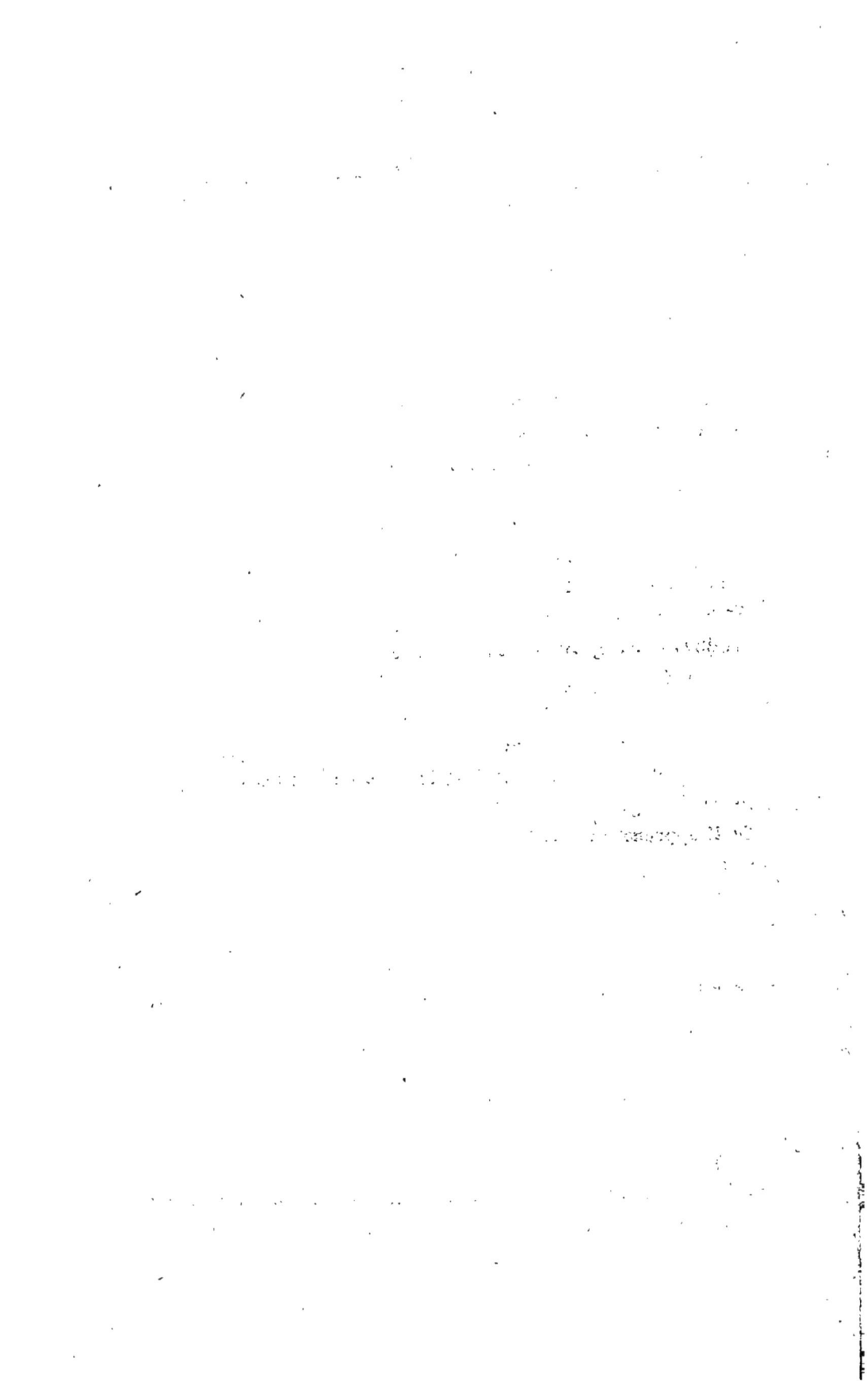

ENSEIGNEMENT

GRAMMATICAL

PREMIÈRE LEÇON.

INTRODUCTION.

QUESTIONNAIRE :

Qu'est-ce que la Grammaire ?

Combien la grammaire a-t-elle de parties ?

Qu'est-ce que l'Orthographe ?

Qu'est-ce que la Construction ?

Qu'entend-on par Mots ?

Sur quoi est fondée la division des mots en dix sortes ?

Quelles sont les dix sortes de mots ?

Qu'appelle-t-on Analyse ?

(Explication de l'Exercice au tableau.)

DIALOGUE :

LE MAITRE. Permettez, mes enfants, qu'avant de commencer l'explication de cette première leçon, je vous donne quelques conseils, et vous fasse certaines recommandations.

TOUS LES ÉLÈVES. Nous vous écoutons, Monsieur.

Le M. D'abord, comme vous ne pouvez parler tous à la fois, un seul de vous prendra la parole. Un seul donc sera chargé de soutenir la discussion, car il y aura souvent des discussions. Je tiens à désigner moi-même celui d'entre vous qui remplira ce mandat. Or, il me semble que Jules, qui a déjà quelque légère connaissance de la grammaire, et une certaine supériorité d'âge, pourra mieux que tout autre remplir le rôle d'interlocuteur. Il est d'ailleurs fils et arrière petit-fils d'instituteur, et je pense qu'il tiendra à honneur de soutenir la réputation de ses aïeux.

J. Monsieur, j'accepte avec beaucoup de plaisir. J'ai à ma disposition un grand nombre de grammaires qui me viennent de mes parents, elles m'aideront à provoquer vos explications. Tous les jours je me préparerai à la leçon par la lecture de quelqu'une

1

de ces grammaires, et si j'y trouve avec la nôtre quelque contradiction, ou si j'y remarque quelque détail intéressant qui soit omis dans la nôtre, je vous les soumettrai.

Le M. Très-bien, M. E. Je vois que j'ai touché juste. Maintenant pour aider à votre mémoire dans les leçons que vous devez apprendre par cœur, voici la marche que vous devez suivre : Apprenez d'abord le premier alinéa de votre leçon — les alinéa sont très-courts — lorsque vous le saurez, apprenez le second. Quand vous saurez le second, réunissez ces deux alinéa dans votre mémoire. Après les deux premiers, apprenez le troisième ; récapitulez les trois ensemble, et continuez ainsi jusqu'à la fin de la leçon.

J. Je dois vous dire, Monsieur, que j'avais presque deviné cette méthode. Soyez donc sûr que nous la suivrons ponctuellement.

Le M. J'y compte, je suis même convaincu que vous apporterez à vos leçons de grammaire toute l'attention possible. Quand je dis *vous*, j'ententends parler à toute la classe. — Comment avez-vous trouvé la définition de la Grammaire ?

J. Très-claire et très-concise. J'aime beaucoup mieux cette définition que celle des grammaires que j'ai lues, et surtout que celle de la grammaire de mon cousin Jules qui va au collège.

Le M. Avant d'aller plus loin, comprenez-vous bien ce qu'on entend par définition ?

J. Une définition, c'est l'explication de ce qu'est une chose ; c'est pour ainsi dire, le signe sensible auquel on reconnaît une chose.

Le M. C'est fort bien ; mais je voudrais savoir si vous comprenez quand une définition est bonne ?

J. Une définition est bonne, selon moi, quand elle fait connaître parfaitement la chose définie.

Le M. Très-bien. Maintenant je dois vous dire que je connais la définition que donne la grammaire du collège ; la voici : *La grammaire française est l'art de parler et d'écrire correctement en français.*

J. C'est bien cela, mais j'aime mieux la nôtre.

Le M. Pourquoi donc ?

J. Parce qu'elle est plus courte, et qu'elle dit tout autant.

Le M. Il y a dans la définition que je viens de vous citer, trois petits défauts que je dois vous faire connaître : 1° Il est inutile de dire la grammaire française, car il ne peut s'agir d'une autre grammaire que de la grammaire française; 2° le mot correctement est superflu, car le mot art fait entendre la chose avec ses qualités caractéristiques; 3° la partie de phrase qui termine cette définition est aussi tout à fait inutile, car après avoir dit grammaire française, il est superflu d'ajouter : en français. On sait bien que ce n'est pas pour parler et pour écrire en allemand ou en anglais.

J. C'est clair. Maintenant nous voudrions savoir pourquoi on appelle grammaire, la science de la langue, grammaire le livre qui enseigne cette science, et vulgairement grammaire la langue elle-même.

Le M. Je ne puis vous dire autre chose, que c'est parce que l'usage a consacré l'expression grammaire pour indiquer ces trois choses.

J. Mais qu'entendez-vous par grammaire générale, et grammaire particulière ? La grammaire générale est-ce une grosse grammaire comme celle de Wailly, que j'ai dans mon armoire, et la grammaire particulière est-ce une petite grammaire comme la nôtre ?

Le M. Du tout; ce n'est pas cela. Par grammaire générale on entend la connaissance des rapports communs entre toutes les langues; et à cette occasion je vous dirai qu'un célèbre grammairien, nommé Laveaux, a dit avec raison que la Grammaire générale est une idée chimérique, parce que nul homme ne peut savoir tous les principes particuliers de tous les idiomes, et que quand on les saurait, on ne pourrait les réunir en un corps. On appelle grammaire particulière, la connaissance d'une langue particulière, comme la grammaire française, la grammaire anglaise, la grammaire latine.

J. La grammaire dit que les mots sont les signes de nos idées. Qu'est-ce donc qu'une idée ?

Le M. Une idée, c'est la représentation d'une chose dans l'esprit, ou une notion que l'esprit reçoit ou se forme de quelque chose : l'idée d'une montagne, d'un arbre, du bleu, du noir, d'une action, d'un sentiment, etc. Une idée est un tout complet, indivisible, signalé par un mot, de sorte que si un mot était divisé ou considéré comme tel, l'idée qu'il signale serait, ou anéantie ou changée.

J. D'où il résulte, ce me semble, qu'il n'y a pas de demi-idée, et que les idées n'ont ni commencement ni fin.

Le M. C'est juste.

J. Mais ce principe est-il si absolu, qu'un mot ne représente jamais qu'une idée, ou que plusieurs mots représentent nécessairement plusieurs idées ?

Le M. Absolu : non ; car il y a certains mots dans notre langue qui semblent signaler une double idée, comme *dont, du, au,* qui signifient *de qui, de le, à les.* D'autre part, il y a des réunions de mots qui ne signalent qu'une seule idée, comme *courte-pointe, arc-en-ciel, chef-d'œuvre.* Je vous disais tout à l'heure que si les mots étaient divisés, les idées qu'ils signalent seraient anéanties : en effet, si l'on divisait les mots : *maison, orange, charbon,* etc., les sons *mai, son, or, ange, char, bon,* ne représenteraient plus mes idées : le mot *courte-pointe* qui signale l'idée d'une couverture, divisé en deux, présenterait deux idées différentes.

J. Le mot *idée* a-t-il toujours le même sens ou la même signification que vous lui donnez ici ?

Le M. Non ; ici le mot *idée* est tel qu'on doit l'entendre grammaticalement ; mais en dehors de la grammaire, il a beaucoup d'autres significations ; ainsi il peut signifier plan, dessein, projet, pensée, opinion, maxime, sentiment, etc., et dans ce sens là, on peut dire des idées incomplètes, des demi-idées, des commencements d'idées.

J. La leçon est-elle terminée ?

Le M. Non pas ; il nous reste encore à expliquer beaucoup de choses.

J. Nous écoutons.

Le M. Votre grammaire dit bien qu'elle a deux parties : l'Orthographe et la Construction ou la Syntaxe, mais elle ne dit pas que l'orthographe est de deux sortes, l'orthographe *absolue* et l'orthographe *relative.*

J. Pourquoi ne le dit-elle pas ?

Le M. C'est sans doute parce qu'elle n'enseigne que l'orthographe *relative.*

J. D'abord, Monsieur, veuillez avoir l'obligeance de nous dire ce que nous devons entendre par orthographe *relative ?*

Le M. L'orthographe *relative* est celle qui existe en conséquence de règles

. J. Et l'orthographe *absolue*?

Le M. C'est celle qui n'est assujettie à aucune règle, ou qui est purement conventionnelle : c'est ainsi que *commander* s'écrit par *a*, et que *commencer* s'écrit par *e*; que *honneur* s'écrit avec deux *n*, et que *honorer, honorable*, etc., s'écrivent avec une seule *n*, que *nommer*, s'écrit avec deux *m*, et que *nomination, nominatif*, etc., s'écrivent avec une *m* seulement. Cette sorte d'orthographe ne s'apprend que par la lecture, les dictées et surtout par le dictionnaire.

. J. Je comprends ; pour apprendre l'orthographe absolue, il faut jouer du dictionnaire et écrire beaucoup.

Le M. Il n'y a pas d'autre moyen. Dans cette orthographe on est presque toujours réduit à dire : C'est ainsi, parce que ce n'est pas autrement.

J. Autre question : Mon cousin Jules me disait ce matin que les dix sortes de mots peuvent se réduire à deux sortes. Qu'entendait-il par là ?

Le M. Il voulait dire que sous le rapport de l'orthographe, les mots peuvent être distingués en *variables* et en *invariables*. Dans notre classification, les six premières sortes sont les mots *variables*, et les quatre dernières sont les mots *invariables*.

J. Je ne comprends pas ce qu'on entend par mots *variables* et par mots *invariables*.

Le M. Les mots *variables* sont ceux dont les terminaisons ou les formes varient, comme *maison, maisons; cheval, chevaux; bon, bonne; elle, elles; il voit, ils voient; aimé, aimée*. Les mots *invariables* sont ceux qui s'écrivent toujours de la même manière, comme *autant, mieux, moins, pour, contre*, etc.

J. Maintenant nous comprenons.

Le M. Il est un mot que je dois encore vous expliquer aujourd'hui; c'est le mot *euphonie*. Comme ce mot est souvent employé, il importe que vous en compreniez le sens. *Euphonie* en terme de grammaire, signifie ce qui rend la prononciation plus douce, plus coulante : c'est par euphonie que l'on dit *si l'on* pour *si on; viendra-t-il?* pour *viendra-il? don-*

nes-en pour *donne-en*. La lettre que l'on ajoute pour éviter le choc de deux voyelles, qui est *s* ou *t*, s'appelle lettre euphonique.

J. Cela se comprend parfaitement.

Le M. Maintenant, voici certaines recommandations :

J. Nous vous écoutons.

Le M. D'abord, vous devrez savoir votre leçon de grammaire de manière à répondre immédiatement à toutes les questions, car il arrivera souvent, pour ne pas dire toujours, qu'au lieu de vous faire réciter à chacun la leçon entière, je ne ferai à chacun de vous que quelques questions, afin d'abréger le temps; ensuite ne dites jamais que vous comprenez, alors que vous ne comprenez pas.

Tous les élèves. Nous vous le promettons.

Le M. Je ne puis pas vous forcer de comprendre; cela ne dépend pas de vous. Ce que je vous demande seulement, c'est d'être attentifs et francs dans vos réponses. Ainsi quand vous ne comprendrez pas, dites-le sans crainte. La peur trouble la raison.

J. Vous pouvez y compter.

Le M. Je veux vous prouver par un exemple que la peur est nuisible à l'étude. Un curé inspectait un jour une école et interrogeait les enfants sur le catéchisme. Les enfants intimidés hésitaient dans leurs réponses et se troublaient. Le maître, contrarié, prit lui-même la parole et s'adressant à l'un d'eux d'un ton brusque : Qu'est-ce qui a fait le monde ? — L'enfant : Je ne sais pas, Monsieur. — Comment, tu ne sais pas ? — L'enfant, en pleurant : Ce n'est pas moi, Monsieur. — Le maître : Comment, ce n'est pas toi ? — L'enfant : C'est moi, Monsieur, mais je ne le ferai plus. — Je ne veux pas, M. E., qu'il en soit ainsi entre nous. Soyez attentifs et confiants et si vous ne comprenez pas, alors, c'est que je n'aurai pas trouvé le chemin de votre raison et je n'en voudrai qu'à moi-même.

J. Monsieur, une dernière question ?

Le M. Il était temps; j'allais clore la séance; je vous croyais fatigués. Voyons votre question ?

J. Fatigués, du tout. Voici : Pourquoi notre grammaire ne fait-elle pas, ainsi que toutes les autres, apprendre par cœur la définition des signes orthographiques, comme l'apostrophe, les accents, la cédille, etc.

Le M. Parce que ce serait abuser de votre temps, puisque la simple explication que nous en avons faite au tableau vous a fait comprendre ces choses.

J. Comment entendez-vous, Monsieur, que nous fassions les exercices ou les analyses qui sont à la fin de chaque leçon, et comment nous faudra-t-il donner les exemples demandés ?

Le M. Les analyses et les exercices doivent toujours être faits de vive voix, et immédiatement après la leçon récitée; mais les exemples demandés doivent être écrits sur vos cahiers ; ces exemples vous serviront de devoirs. Je vous expliquerai cela quand nous y serons. — Séance terminée.

DEUXIÈME LEÇON.

LE NOM.

QUESTIONNAIRE :

Qu'est-ce que le nom ?
Combien y a-t-il de sortes de noms ?
Qu'est-ce que le nom commun ?
Qu'est-ce que le nom propre ?
Qu'est-ce que le nom collectif ?
Qu'est-ce que le nom composé ?

Combien y a-t-il de genres ?
Comment distingue-t-on le genre des noms ?
Combien y a-t-il de nombres ?
Qu'indique le singulier ?
Qu'indique le pluriel ?

DIALOGUE :

Le M. Avant de commencer cette leçon, j'ai certaines remarques à vous faire; il faut d'abord que je vous dise que tout alinéa qui contient une définition, se compose de deux parties; l'une qui comprend la définition, l'autre l'explication. La définition se termine presque toujours au mot *comme*.

J. Pourquoi, Monsieur, cette observation ?

Le M. C'est pour vous faire comprendre que lorsqu'il vous sera demandé une définition, vous borniez votre réponse à la simple partie de l'alinéa qui la contient.

J. Mais si nous ne donnons pas l'explication ou la deuxième partie de l'alinéa, comment saurez-vous si nous comprenons ?

Le M. Je le verrai dans vos yeux ; et lorsque j'en douterai je vous demanderai l'explication.

J. Je le vois; vous voulez nous rendre les réponses le plus faciles possible; car vous savez que l'explication est souvent une série de mots difficiles à retenir et à énumérer dans l'ordre donné.

Le M. Mon observation n'a pas d'autre but.

J. Merci, Monsieur, de votre bonne intention.

Le M. Autre observation. Vous remarquerez, M. E., que chaque leçon qui traite particulièrement d'une espèce de mots, commence toujours par une définition.

J. Cela nous paraît raisonnable, car il faut bien connaître la chose dont on parle; et si elle n'était bien définie, comment pourrait-on s'entendre?

Le M. Vous répondez sagement. Mais, dites-moi, avez-vous bien compris la définition du Nom ?

J. Parfaitement. Le *nom* est un mot qui sert à nommer une personne ou une chose. Voulez-vous que je vous cite des noms ?

Le M. C'est inutile, je vois que vous comprenez bien.

J. Pourquoi, Monsieur, cette division, en noms communs et en noms propres ?

Le M. Pour deux raisons : la première c'est que les noms communs varient dans leurs terminaisons : *une main, des mains; un cheval, des chevaux;* la deuxième c'est que les noms propres s'écrivent toujours de la même manière, et commencent par une majuscule : *Paris, la Seine.*

J. Les noms de baptême sont-ils des noms communs ou des noms propres ? Je vous demande cela, parce qu'il y a beaucoup de personnes qui portent le même nom, comme *Louis, Paul, Pierre,* etc.

Le M. Tous les noms de baptême sont reconnus noms propres, parce qu'ils sont considérés comme tout particuliers à ceux qui les portent. Il en est de même des noms de famille, lesquels sont pourtant communs à tous les membres d'une même famille.

J. Je voudrais bien savoir, Monsieur, pourquoi la grammaire dit : *le nom est un mot,* au lieu de dire : *les noms sont des mots?* car la définition doit comprendre tous les mots de la même espèce.

Le M. C'est une manière de parler consacrée par les grammairiens : ils disent le *nom* pour tous les noms ; l'*article* pour tous les articles ; l'*adjectif* pour tous les adjectifs, etc.

J. Pourquoi commence-t-on par les noms, plutôt que par toute autre sorte de mots ?

Le M. C'est parce que les premières idées qu'on a eues à signaler, étaient des idées de personnes ou de choses ; les premiers signes des idées ont donc dû être des noms.

J. Dans plusieurs de mes ouvrages, le mot *nom* est remplacé par le mot *substantif,* surtout dans les grammaires nouvelles. Lequel des deux mots devons-nous employer de préférence ; car un seul suffit ?

Le M. Il faut toujours employer le mot *nom,* parce que c'est un terme général, c'est-à-dire un mot qui peut toujours s'employer ; on dit : un *nom* de ville, un *nom* de famille, un *nom* de baptême, un grand *nom,* un *nom* célèbre, un *nom* d'homme, un *nom* de chose, dans lesquels cas et beaucoup d'autres, le mot *substantif* ne peut s'employer. Une autre raison encore, c'est que le mot *nom* est la racine de *pronom,* de *prénom* et de beaucoup d'autres mots.

J. Monsieur, le mot *substantif* dans les dictionnaires est-il classé parmi les noms ?

Le M. D'après l'Académie, Charles Nodier, Laveaux et plusieurs autres, le mot *substantif* est classé parmi les adjectifs, c'est-à-dire parmi les mots qui signalent des qualités ; quand donc ce mot est employé comme *nom,* il est déclassé. — On l'emploie souvent pour désigner des choses substantielles, comme *maison, bois, marbre.*—Autrefois on divisait les noms en *noms substantifs* et en *noms idéaux* ou *abstraits :* ou en noms *physiques* et *méthaphysiques,* selon qu'on désignait des choses matérielles ou des choses immatérielles. Mais toutes ces distinctions ne seraient propres qu'à ralentir nos leçons : contentez-vous donc de dire simplement *nom.* Ainsi : *porte, table, volonté, bonté,* sont des noms.

J. C'est très-clair. Y aurait-il en effet rien de plus ridicule que de dire à quelqu'un : Monsieur, vous portez un singulier *substantif.* — Madame, quel est votre *substantif?* — Ce monsieur

a un *substantif* propre tellement sale, qu'il fait monter le rouge
au visage. — Cette vilaine femme a un *substantif* de baptême
magnifique, mais elle l'a tellement déshonoré, que personne
dans la ville ne voudrait le donner à sa fille.

Le M. Ce que vous dites là est très-juste; je vous approuve.

J. Monsieur, au mot *collectif*, dans mes grammaires, j'ai vu
qu'on distingue deux sortes de collectifs, des collectifs *généraux*
et des collectifs *partitifs*. Pourquoi notre grammaire ne donne-
t-elle pas cette distinction ?

Le M. Pour une bonne raison ; c'est que cette distinction
n'est la base d'aucune règle, et que partant, elle est inutile.

J. Pourtant, Monsieur, je ne serais pas fâché de connaître
ces deux sortes de collectifs ?

Le M. Puisque vous y tenez; voici : Les grammairiens appellent *collectif général* un nom qui signale une collection entière,
totale, complète, comme *la foule, la totalité, le peuple*, etc.,
ces collectifs sont toujours précédés de *le, la, les*; et ils appel-
pellent *collectifs partitifs* ceux qui sont précédés de *un, une*,
comme *un nombre, une partie, une foule*; ces collectifs n'expriment que des parties.

J. Notre grammaire, Monsieur, dit que les noms ont deux
propriétés : le *genre* et le *nombre*; qu'entend-on par propriétés ?

Le M. On entend par propriétés, ce qui appartient essentiellement à une chose, ou qui la distingue de toute autre. Le genre
et le nombre sont des propriétés du nom, parce que ce sont
deux choses qui lui sont propres ou particulières, et que les autres mots ne les ont pas en eux-mêmes et les reçoivent du
nom.

J. Monsieur, notre leçon de demain semble très-difficile à
apprendre, non à cause de la matière, mais à cause de l'ordre
dans lequel elle est présentée ; nous faudrait-il l'apprendre
mot à mot ?

Le M. Je ne tiens pas à l'ordre, je tiens seulement à ce que
vous sachiez cette leçon de manière à répondre à toutes les
questions que je pourrai vous faire. — Il n'y a personne, pas
même l'auteur de votre grammaire, qui puisse réciter cette leçon
dans l'ordre donné.

J. Alors il nous suffira de la lire attentivement plusieurs fois.

Le M. Je le pense. Cela vous arrivera encore à la sixième, et à la septième leçon. — La séance est close.

TROISIÈME LEÇON.

Formation du Pluriel dans les Noms.

QUESTIONNAIRE :

Comment forme-t-on le pluriel dans les noms ?

Quels sont les noms auxquels on n'ajoute rien au pluriel ?

Comment forme-t-on le pluriel des noms en *al* ? — en *ail* ?

Quel est le signe du pluriel pour les noms en *ou* ?

Quel est le signe du pluriel pour les noms en *au* ou en *eu* ?

Combien y a-t-il de noms qui ont deux pluriels — quels sont-ils ?

DIALOGUE :

Le M. Qu'avez-vous remarqué sur les noms pluriels en *aux* ou en *eaux*.

J'ai remarqué que les noms pluriels en *aux*, viennent de noms en *ail* ou en *al*, tandis que les noms pluriels en *eaux*, viennent de noms singuliers en *eau*.

Le M. D'où vous concluez sans doute que tout nom en *aux*, qui n'est pas le pluriel d'un nom en *ail* ou en *al* doit prendre un *e* muet.

J. Tout naturellement.

Le M. Votre conclusion est mauvaise, car voici des noms pluriels en *aux* qui n'ont pas d'*e* muet, et qui ne sont pas des pluriels de noms en *al* ou en *ail* : *aloyaux, boyaux, argonaux, burgaux, tuyaux, baux, étaux, gruaux ; plaux, noyaux, sarraux.* Ces onze noms sont les seuls qui aient un singulier en *au*.

J. La série des noms pluriels en *ail*, qui prennent *s* au pluriel, est-elle considérable ?

Le M. Non : après les mots *sérail* et *attirail*, cités par la grammaire, il n'y a que *bercail, camail, détail, épouvantail, éventail, gouvernail, mail, plumail, poitrail, portail, rail, tramail*, qui prennent encore *s* au pluriel.

J. Comment *bisaïeul, trisaïeul*, font-ils au pluriel ?

Le M. Ils prennent une *s* comme *aïeul* dans sa deuxième signification. Ainsi on écrit *bisaïeuls*, *trisaïeuls*, au pluriel.

J. Je voudrais bien connnaître les noms féminins en *té*, pour les distinguer de ceux en *tée* ?

Le M. Votre question est un peu au rebours; ce sont les noms en *tée* que vous devriez demander, parce qu'ils sont les moins nombreux. Voici donc ceux en *tée* : *abattée*, *briquetée*, *assiettée*, *cassetée*, *charretée*, *hottée*, *jetée*, *montée*, *potée*, *pâtée*, *futée*, *pelletée*. — Les autres en *té*, beaucoup plus nombreux, désignent pour la plupart des choses immatérielles : *vérité*, *charité*, *bonté*, *santé*, etc.

J. Y a-t-il beaucoup de noms en *eur*, se terminant par un *e* muet ?

Le M. Il n'y a que : *beurre*, *heure*, *feurre*, *leurre*, *demeure*.

J. Quand commencerons-nous à faire des leçons dans nos exercices orthographiques ?

Le M. Demain. Vous écrirez la première leçon que nous corrigerons sur vos cahiers ; vous en préparerez deux autres que nous corrigerons verbalement.

J. Qu'entendez-vous, Monsieur, par préparer des leçons ?

Le M. Je veux dire que vous devez les lire avec attention et les corriger mentalement, de manière que vous puissiez les expliquer quand je vous le commanderai. Il faut que dans quatre jours nous soyons en mesure d'attaquer les adjectifs.

J. Pourquoi notre grammaire ne parle-t-elle pas maintenant du pluriel des noms propres, des noms étrangers et des noms composés ?

Le M. C'est parce que ces difficultés sont d'un ordre trop élevé pour vous être présentées maintenant, et que la plupart ne peuvent être résolues que par des règles basées sur des connaissances que vous n'avez pas encore.

J. Puisque nous parlons d'exercices, je vous dirai que j'ai dans mes grammaires un ouvrage qui en offre.

Le M. De qui est cet ouvrage ?

J. Je ne sais, car les premières pages sont déchirées; cependant l'ouvrage est tout neuf.

Le M. Avez-vous lu quelques-uns des exercices de cet ouvrage ?

J. Oui, Monsieur : mais je dois vous le dire, je les ai trouvés effrayants.

Le M. Pourquoi donc ?

J. Pour plusieurs raisons, dont la première, c'est qu'il me semble impossible d'en faire aucun.

Le M. Cette première raison devrait dispenser des autres, mais voyons cette impossibilité.

J. Figurez-vous, Monsieur, que la première leçon commande d'écrire de suite, et de mémoire, quatre-vingt-quinze noms propres par catégories de cinq, dont la dernière sont des noms de chiens; la deuxième commande d'écrire — toujours de mémoire — cinquante catégories de cinq noms chacune, ou deux cent cinquante noms. Or, je vous le demande, une tête est-elle une fabrique qui puisse produire de pareilles kirielles de noms en catégories déterminées ?

Le M. Il n'y a pas, non-seulement d'élève, mais même de professeur qui puisse le faire. Autant voudrait envoyer chercher de vieilles lunes pour les concasser et en faire cinquante sortes d'étoiles.

J. Je veux encore vous citer les titres des troisième, quatrième, cinquième, sixième et septième leçons : troisième, un nom étant donné, indiquer l'espèce ou le genre auquel il se rattache, trente-huit noms pour modèles; quatrième, l'élève remplacera chaque tiret par le nom de genre ou d'espèce du nom en italique, trente-neuf modèles ; cinquième, comment désigne-t-on le cri des animaux suivants ? vingt-sept animaux ; sixième, quels sont les termes affectés au bruit que produisent les substantifs de choses suivants ? vingt noms ; septième, l'élève remplacera chaque tiret, par le nom correspondant au mot écrit en italique : dix-sept noms.

Le M. Je conçois que vous soyez effrayé de ces titres ; on dirait des leçons envoyées par des professeurs habitant le royaume de la lune. Tenez-vous-en à vos exercices; apprenez vite à marquer le pluriel des noms ; je ne vous demande rien de plus.

J. Il y a encore quelque chose de très-singulier dans cette grammaire.

Le M. Hé ! quoi donc ?

J. C'est que, à la page six, à la huitième leçon, l'auteur traite

du genre et du nombre, et que, à la cinquante-neuvième page,
il recommence un traité du genre.

Le M. que voulez-vous, c'est qu'il oublie ce qu'il a dit. —
Séance terminée.

QUATRIÈME LEÇON.

L'ARTICLE.

QUESTIONNAIRE :

Qu'est-ce que l'article ?   Quels sont les mots qu'on appelle
                                       articles ?

DIALOGUE :

Le M. Voilà, M. E., une sorte de mots que vous aurez dû
apprendre bien facilement ?

J. En effet, Monsieur, elle ne nous a pas coûté grand'peine.
Je suis étonné qu'on ait fait une sorte de mots, avec sept mots
seulement, car *un, une,* à ce qu'il paraît, ne figurent pas comme
articles dans toutes les grammaires.

Le M. Vous avez raison, ces mots auraient pu être classés
parmi les adjectifs, sous la dénomination d'*adjectifs prépositifs;*
plusieurs grammairiens ont même proposé cette classification,
qui eût été très-raisonnable; mais cette modification, bien que
fondée en raison, n'a pas prévalu, et le chapitre de l'article a
été conservé.

J. Il paraît que tous les grammairiens n'admettent pas même
sept articles ?

Le M. Non; plusieurs n'admettent qu'un seul article qui est
le, et prétendent que les autres articles ne sont que des confi-
gurations variées de *le.*

J. Alors, cette sorte de mots n'aurait donc qu'un mot sous
sept formes ?

Le M. Ce système est ridicule. Reconnaissons les sept mots
comme sept articles, et ajoutons y *un, une,* comme deux véritables articles, puisque comme *le* et *la,* ces deux mots ont la
propriété d'indiquer le genre et le nombre.

J. Question vidée.

Le M. Sur la définition de l'article, il faut que je vous raconte une petite anecdote comique qui vous fera voir que les grammairiens montrent quelquefois leur côté cocasse.

J. Dites, Monsieur.

Le M. Un grammairien, dans son journal — car certains grammairiens se sont faits journalistes pour publier eux-mêmes leurs ouvrages — avait donné une définition de l'article d'un autre grammairien, journaliste comme lui. Or, comme ce dernier avait oublié sans doute sa définition et l'édition où il l'avait mise; vite, pour son honneur et sa gloire qu'il croyait compromis, il fait signifier par huissier à son adversaire, qu'il ait à rectifier sa définition à peine d'être traîné devant les tribunaux et condamné. Mais le journaliste inculpé répond qu'il a à la disposition de son homme la grammaire encore toute neuve où est textuellement la définition incriminée et qu'il la tient à sa disposition. Que pensez-vous de ce camouflet ?

J. Je pense que messieurs les grammairiens-journalistes, ou journalistes-grammairiens sont furieusement pourvus de papier timbré pour s'en jeter ainsi à la tête. Car enfin, quelle que fût la définition, ils ne devaient pas en faire juges les hommes de loi.

Le M. En effet, si les juges étaient obligés de mettre les grammairiens d'accord, Dieu, quelle besogne !

Monsieur, voudriez-vous avoir la bonté de nous dire ce qu'on doit entendre par *déterminatif?*

Le M. La question étant ainsi posée, il y a moyen de vous satisfaire; bien que l'explication des déterminatifs appartienne plutôt à la Syntaxe qu'à l'Orthographe. Un *déterminatif* est une idée qu'on ajoute à une autre pour lui donner un sens particulier : ainsi quand on dit *un livre, quelque livre, des livres,* le mot *livre* est ce qu'on appelle un nom *indéterminé;* mais quand on dit : *le livre de Pierre, mon livre, le livre que voici, le livre rouge, le premier livre, donnez ce livre, le livre d'histoire,* le nom *livre* est déterminé par le sens particulier que lui donnent les mots *de Pierre, mon, que voici, rouge, premier, ce, d'histoire;* ces mots sont des *déterminatifs.*

J. De tout cela il résulte que les articles ne sont pas des déterminatifs, ainsi que le disent mes grammaires.

Le M. C'est très-clair.

J. Monsieur, une petite observation. La grammaire dit que l'article fait connaître le genre et le nombre du nom. Il me semble que pour écrire un article il faut d'abord savoir le genre et le nombre du nom, et puisqu'il en est ainsi, c'est le nom qui indique le genre et le nombre, et non l'article?

Le M. On parle et on écrit pour les autres, et non pour soi. Or, pour les autres ce sont les mots qui signalent les idées; donc les articles signalent des idées de genre et de nombre, comme le dit la grammaire.

J. J'ai lu le chapitre de l'article de la grammaire de Jules. Cette grammaire n'admet qu'un article, dont la fonction, dit-elle, est de précéder les substantifs communs pour annoncer qu'ils sont employés dans un *sens déterminé*. Puis elle dit qu'un nom est déterminé quand il désigne un genre, une espèce, ou un individu particulier...

Le M. Ce à quoi vous n'avez rien compris.

J. Comme vous le dites. Quant à l'unité de l'article c'est chose jugée. Mais c'est l'article devant les noms communs, qui me paraît une restriction absurde, puisque l'on dit : *les Corneille, les Racine, les Bourbons, les Césars*; et ensuite c'est la signification déterminée de *genre*, *espèce* et *individu particulier*.

Le M. Vous avez raison pour la première partie; quant à la seconde, je ne ne veux pas essayer de vous expliquer ce que l'auteur entend par *genre, espèce* ou *individu particulier*; parce que l'explication de cela appartient à la Syntaxe.

J. Notre grammaire ne parle pas d'article *élidé*, ni d'article *contracté*. Pourquoi cela ?

Le M. Parce qu'il n'y a véritablement pas d'article élidé ni d'article contracté.

J. Mais pourtant toutes les grammaires le disent.

Le M. Comme toutes les grammaires disaient autrefois articles *composés;* distinction qu'elles ne font plus.

J. Vous contestez l'existence des articles élidés et des articles contractés; mais vous ne le prouvez pas ?

Le M. Voilà comme j'aime des questions. Je suis content que vous ne croyiez pas en aveugle.

J. Voyons d'abord pourquoi notre grammaire n'admet pas d'article élidé.

Le M. *Elider,* c'est retrancher une voyelle finale; or, quand on retranche *e* dans *le* ou *a* dans *la,* c'est *e* ou *a* qui est élidé et non l'article, puisque l'article est représenté alors par *l'*; donc on n'élide pas l'article, mais seulement une lettre de l'article, donc enfin l'article n'est pas élidé.

J. C'est très-juste; car enfin si l'article était élidé il ne serait plus devant le nom sous la forme de *l'*.

Le M. Je vois que vous comprenez bien.

J. Veuillez nous prouver maintenant qu'il n'y a pas d'articles contractés.

Le M. L'Académie dit : « La contraction est la réunion de deux voyelles, de deux syllabes en une seule, comme dans les mots : *août, paon, faon, Laon,* qu'on prononce *oût, pan, fan, Lan.* » A quoi l'on peut ajouter : *quelque autre, entre elle, quelque endroit, belle âme,* dans lesquelles constructions deux syllabes se fusionnent en une seule. Or, dans *du, des, au, aux,* il n'y a pas réunion de deux syllabes ou de deux voyelles en une seule, donc il n'y a pas de contraction; donc *du, des, au, aux,* sont mal à propos appelés articles contractés.

J. Cela paraît clair. *Du, des, au, aux,* sont des mots qui indiquent bien des doubles mots, puisqu'ils sont le signe de *de le, de les, à le, à les,* mais il n'y a là aucune contraction.

Le M. Remarquez : 1° que si l'on admettait *l'* comme article élidé, à cause de l'apostrophe, il faudrait admettre *j', m', t', s', d',* comme mots élidés ; 2° que si on admettait *du, des, au, aux,* comme articles contractés à cause de la propriété qu'ont ces mots de signaler deux mots, il faudrait admettre *me, te, se,* etc., comme mots contractés lorsqu'ils signifient *à moi, à toi, à lui;* 3° et *m', t', s',* comme mots élidés contractés, lorsqu'ils sont employés pour *à moi, à toi, à lui* ou *à soi, à eux,* etc.

J. Je voudrais bien savoir encore si *les, des, aux,* doivent être appelés articles des deux genres ?

Le M. Beaucoup de grammairiens appellent *les, des, aux,* articles des deux genres, parce que ces articles s'emploient ou s'écrivent de la même manière pour les deux genres ; et ils appellent aussi *mes, tes, ses,* adjectifs des deux genres par la même raison ; mais comme les terminaisons des mots ne sont pas des genres, et que les articles et les adjectifs n'ont pas plus deux genres que les noms, ou que les êtres n'ont deux sexes, les articles ni les adjectifs ne peuvent être de deux genres.

J. C'est concluant.

Le M. Avez-vous encore quelque question à m'adresser ?

J. J'ai encore à vous demander pourquoi il n'y a pas dans cette leçon d'explication pour l'emploi de l'apostrophe ?

Le M. L'emploi de l'apostrophe vous a été enseigné complètement à la première leçon; ce serait donc une répétition inutile. D'ailleurs, comme vous l'avez vu, l'usage de l'apostrophe n'est pas particulier à l'article, puisque l'apostrophe s'emploie dans beaucoup de monosyllabes qui ne sont pas des articles.

J. J'ai plusieurs grammaires qui présentent des exercices en regard des textes. Or, dans ces exercices j'ai remarqué que les auteurs ont remplacé les articles par des tirets, ainsi que *mon*, *ma, mes*, de manière qu'ils font deviner quels sont les articles à écrire. Que pensez-vous de ce genre d'exercice ?

Le M. Ce système, M. E., est bizarre et ridicule pour plusieurs raisons: 1º parce que les articles s'écrivent naturellement bien; 2º parce que faire deviner les articles, c'est embrouiller l'esprit inutilement; 3º parce qu'un enfant n'écrira jamais : *la voiture et le cheval de ma papa.*

J. En effet, Monsieur, pour parler ainsi il faudrait être Allemand ou Anglais ou habitant de Jéricho.

Le M. Vous avez raison. — Séance terminée.

CINQUIÈME LEÇON.

L'ADJECTIF.

QUESTIONNAIRE :

Qu'est-ce que l'adjectif?

Combien y a-t-il de sortes d'adjectifs?

Qu'appelle-t-on adjectifs qualificatifs?

Qu'appelle-t-on adjectifs possessifs?

Que remarque-t-on sur *mon, ton, son* ?

Qu'est-ce que les adjectifs numéraux?

Qu'entend-on par adjectifs d'ordre?

Qu'est-ce que les adjectifs verbaux?

Qu'est-ce que les adjectifs indéfinis ?

DIALOGUE :

Le M. Vous voyez, M. E., que la définition de l'adjectif est bien simple.

J. Oui, Monsieur ; mais je vois aussi qu'elle est un peu incomplète, car il me semble qu'elle ne comprend qu'un partie des adjectifs, c'est-à-dire, qu'elle ne comprend que les adjectifs qui signalent des qualités.

Le M. Je suis content de cette remarque ; cela me fait voir que vous concevez ce que vous apprenez. Votre grammaire ne donne pas une définition qui comprenne tous les mots qui sont de la classe des adjectifs parce que : 1° Notre langue compte plus de 25,000 qualificatifs, et que c'est sur ceux-là seulement que sont établies les règles d'accord ; 2° parce que les autres adjectifs s'écrivent et s'accordent aussi simplement que les articles et que d'ailleurs ils sont en nombre très-restreint.

J. En effet, je vois qu'il n'y a que les adjectifs possessifs, les adjectifs démonstratifs, les adjectifs indéfinis, et les adjectifs numéraux qui échappent à la définition.

Le M. Si votre grammaire vous eût donné une définition qui eût renfermé tous les mots qui forment la classe des adjectifs, cette définition aurait été obscure et inintelligible.

J. Ainsi nous devons nous contenter de la définition donnée dans notre grammaire ?

Le M. Parfaitement, puisqu'elle suffit pour vous faire connaître tous les mots qui appartiennent aux adjectifs soumis aux règles d'accord.

J. Une petite explication, s'il vous plaît : Notre grammaire parle d'adjectifs *verbaux*, lesquels se reconnaissent en ce qu'ils viennent des verbes. Or, comme nous ne connaissons pas encore les verbes, comment pourrons-nous distinguer cette sorte d'adjectifs ?

Le M. Cela ne peut avoir de conséquences graves, car comme ces adjectifs suivent les mêmes règles que les adjectifs qualificatifs, vous vous tromperiez dans l'appellation de ces sortes d'adjectifs en les nommant adjectifs qualificatifs que je ne vous l'imputerais pas à faute. C'est un petit inconvénient qui n'aura d'ailleurs qu'une très-courte durée, car sous peu de jours nous commencerons les exercices orthographiques des adjectifs, et cette sorte de difficulté n'existera plus.

J. J'ai vu dans Lhomond une chose qui n'est pas dans notre grammaire.

Le M. Quelle est cette chose ?

J. C'est qu'il y a trois degrés de signification dans les adjectifs : le *positif,* le *comparatif* et le *superlatif.* Pourquoi notre grammaire ne parle-t-elle pas de cela ?

Le M. D'abord comprenez-vous bien ce que veut dire *degré de signification ?*

J. Pas trop, car si les mots *positif, comparatif, superlatif,* n'étaient dits immédiatement après, je ne concevrais pas ces idées-là.

Le M. Alors vous comprenez que *degrés. de signification* veut dire *positif, comparatif, superlatif?*

J. Parfaitement.

Le M. Vous ne comprenez pas bien. Vous savez les noms, mais vous ne comprenez pas les idées. Vous ressemblez à cet homme qui prenait *bonapartiste, congréganiste, monarchiste,* pour des professions, comme *lampiste, buraliste, droguiste.*

J Qu'est-ce donc que *degré de signification ?*

Le M. C'est l'idée d'une qualité ou à son état simple comme quand on dit : *C'est un homme habile (positif),* ou existant par comparaison, *il est aussi habile, moins habile, plus habile que son père (comparatif),* ou marquant une qualité supérieure, *il est très-habile, fort habile, extrêmement habile (superlatif).*

J. Maintenant, je comprends : *degré de signification* veut dire *degré de qualification;* je vous redemande donc pourquoi notre grammaire ne parle pas de cela ?

Le M. Parce que l'orthographe de l'adjectif ne change pas à cause du degré de qualification ou de signification : En effet, qu'une chose soit simplement *bonne, aussi bonne, moins bonne, très-bonne,* l'orthographe sera toujours *bonne.*

J. Mais si cela est inutile, pourquoi Lhomond en parle-t-il, lui ?

Le M. Oh ! vous me forcez à faire de l'histoire. Quand Lhomond fit sa grammaire, il y a près d'un siècle, on ne faisait alors usage de grammaire que dans les grands établissements où l'on enseignait le latin; une grammaire française était considérée alors comme une introduction à la grammaire latine : les grammaires françaises étaient donc, quant à la forme, modelées sur les grammaires latines, et en empruntaient les tournures, et même certains détails et certaines expressions; la grammaire de Lhomond a conservé un peu de ce cachet.

J. Dernière question. Je sais bien qu'on ne dit pas *plus bon, plus bien*, mais pourtant je crois qu'on dit : *plus ou moins bon, plus ou moins bien*.

Le M. Ce sont des formes admises. Cela n'a pas besoin d'explication. — La séance est terminée.

SIXIÈME LEÇON.

Formation du féminin dans les Adjectifs.

QUESTIONNAIRE :

Comment forme-t-on le féminin dans les adjectifs ?

Quels sont ceux qui doublent leur dernière consonne ?

Comment les adjectifs en *f* font-ils au féminin ?

Ceux en *x* ? — Ceux en *gu* ?

Comment forme-t-on le féminin des adjectifs en *eur* ? — de ceux en *teur* ? — de ceux en *érieur* ?

Quel est le féminin de *beau, nouveau, jumeau, fou, mou, vieux* ?

DIALOGUE :

Le M. Je vois avec plaisir, M. E., que vous avez suivi le conseil que je vous ai donné au deuxième dialogue, c'est-à-dire, que vous avez lu et relu cette leçon avec beaucoup d'attention.

J. Cette leçon, bien qu'en apparence fort difficile, ne nous a pas semblé l'être. Les formes féminines des adjectifs se connaissent pour ainsi dire, avant qu'on les ait vues dans la grammaire. Mais pourtant s'il fallait les réciter par ordre telles qu'elles sont données, ce serait la mer à boire.

Le M. Voyons maintenant les remarques que vous avez pu faire ?

J. D'abord, Monsieur, les adjectifs en *ot* ne sont pas signalés. Pourquoi cela ?

Le M. C'est parce que ces adjectifs n'ont pas une terminaison féminine uniforme; les uns font *ote*, comme *dévote, idiote, nabote, bigote, manchote, huguenote, nabote*; les autres font *otte*, comme *sotte*, *vieillotte*. Je pense pourtant que *sotte* et *vieillotte* sont les seuls de cette terminaison.

J. Une petite addition encore s'il vous plaît, sur les adjectifs féminin en *ane* et en *anne*.

Le M. Avec plaisir, puisque vous le désirez; voici des adjectifs féminins en *ane* : *Courtisane, gallicane, océane, plane, sultane, tartane;* en voici un terminé en *anne* : *paysanne*. Je ne connais que ce dernier en *anne*.

J. Une petite observation, s'il vous plaît, sur l'adjectif *franc*, que notre grammaire dit faire toujours *franche* au féminin. Je vois dans mon *Histoire de France* : *les peuplades franques, les races franques;* est-ce une faute?

Le M. Non, M. E., en style historique, cela se dit. C'est une forme omise. Je suis content de vous.

J. Notre grammaire ne parle pas de l'adjectif *hébreu*, est-ce encore une omission ?

Le M. Oui ; cet adjectif fait *hébraïque* quand il s'agit de langage; *grammaire hébraïque, langue hébraïque.* Un seul auteur a dit : *La toilette d'une femme hébreuse.* Je dois vous dire que pour les terminaisons féminines qui ne sont pas signalées, et qui pourraient vous embarrasser, il faut consulter votre dictionnaire. — La séance est levée.

SEPTIÈME LEÇON.

Formation du Pluriel dans les Adjectifs.

QUESTIONNAIRE :

Comment forme-t-on le pluriel dans les adjectifs?

Quels sont les adjectifs qui ne changent pas au pluriel ?

Comment forme-t-on le pluriel des adjectifs en *au*?

Comment forme-t-on le pluriel des adjectifs en *al*?

DIALOGUE :

Le M. Avez-vous trouvé difficile la formation du pluriel dans les adjectifs?

J. Non, Monsieur, pas du tout. C'est absolument comme dans les noms. J'ai fait une petite remarque qui, je pense, met notre grammaire en défaut.

Le M. Vraiment ! Et quelle est cette remarque ?

J. C'est que je n'ai pas vu comment on forme le pluriel masculin des adjectifs : *central, fatal, final, glacial, initial, matinal, naval, pascal, théâtral, virginal ?*

Le M. Mon ami, ces adjectifs prennent *s ;* mais ils sont d'un rare emploi au masculin pluriel.

J. Il n'y a donc aucun moyen, Monsieur, de distinguer les adjectifs pluriels en *als* de ceux en *aux ?*

Le M. Aucun, M. E. Le meilleur des grammairiens, M. Bescherelle aîné, se contente de dire qu'en cela on doit ou suivre l'analogie, ou s'abstenir, lorsqu'on craint de choquer l'oreille par un son tout à fait inusité.

J. C'est-à-dire qu'il faut, dans les cas embarrassants, tourner la difficulté.

Le M. C'est le moyen le plus sage.

J. Le mot *tout,* s'écrit-il toujours *tous* au pluriel ?

Le M. Non ; ce mot employé comme nom conserve le *t : Les* TOUTS *sont plus grands que les parties.*

J. Dans les adjectifs en *ant* ou en *ent* faut-il mettre au pluriel *s* à la place du *t,* ou après le *t ?*

Le M. L'Académie écrit : *Des enfants prudents;* voilà la règle qu'il faut suivre.

J. Notre leçon pour demain est furieusement longue. Nous ne pourrons jamais l'apprendre en une seule fois.

Le M. Est-ce que vous n'avez pas remarqué qu'elle est divisée en deux parties : la première se terminant au n° 9 ?

J. Je ne l'avais pas remarqué en effet. Maintenant je vois que la leçon à apprendre pour demain est d'une mesure raisonnable.

Le M. Je veux vous indiquer un moyen sûr pour graver parfaitement ces règles dans votre mémoire ?

J. Quel est ce moyen ?

Le M. C'est de commencer demain les exercices orthographiques sur les adjectifs. Vous écrirez le premier numéro que nous corrigerons le matin sur vos cahiers, et vous en ferez un second de la même manière pour le soir.

J. Vous dites, Monsieur, que nous corrigerons nos devoirs sur nos cahiers, mais nous sommes vingt élèves, cela demandera bien du temps.

Le M. Nous l'abrégerons. Voici le moyen : Vous changerez tous de cahier avec votre voisin ; nous épellerons la leçon, et nous expliquerons chaque accord, de manière qu'en fort peu de temps, tous les devoirs seront corrigés et les fautes signalées et comptées. — Les quatre premiers élèves auront des bons points; le premier quatre, le deuxième trois, le troisième deux, le quatrième un. — Jules, vous tiendrez note de ces bons points pour toute la classe et nous les compterons à la fin de la semaine. Je vous dirai plus tard l'usage que je veux en faire — Ce moyen de correction, nous le suivrons toujours.

J. Voilà qui est parfaitement entendu.

Le M. Alors nous allons travailler avec confiance.

J. Confiance parfaite... Pourtant il y a quelque chose qui me déroute un peu.

Le M. Et quoi donc ?

J. C'est que notre grammaire et nos exercices ne s'accorderont pas toujours : nous avons trente-deux numéros, tant de règles que de remarques dans notre grammaire sur les adjectifs, tandis que nous avons quatre-vingt-dix numéros d'exercices; la grammaire ira trop vite ou les exercices trop lentement.

Le M. Cette irrégularité dans l'accord de la grammaire et des exercices n'est qu'apparente; car, comme vous ne réciterez qu'une leçon de grammaire par jour, et que vous corrigerez deux numéros d'exercices; pendant que vous apprendrez vos pronoms et vos verbes jusqu'aux premiers numéros des difficultés des verbes, nous aurons le temps nécessaire pour terminer nos numéros d'exercices sur les adjectifs.

J. J'ai remarqué qu'à la fin de quelques règles, il est dit que nous devons donner un certain nombre d'exemples. Or, comme les exemples à donner sont très-nombreux, il ne nous restera pas assez de temps pour faire nos exercices ordinaires.

Le M. Je crois vous avoir dit que toutes les fois qu'une leçon sera suivie d'exemples à écrire, ce qui arrive aux règles des adjectifs, et ce qui arrivera encore aux règles d'accord du verbe avec son sujet, ou à celles des participes, je vous dispenserai de faire le devoir ordinaire des exercices orthographiques.

J. Savez-vous bien, Monsieur, que ce n'est pas très-facile de formuler des exemples ?

Le M. Vous en viendrez à bout, soyez-en convaincu. Il faut bien que vous appreniez à faire de la grammaire. — Séance terminée.

HUITIÈME LEÇON.

Accord de l'Adjectif avec le Nom.

QUESTIONNAIRE :

Quelle est la règle d'accord de l'adjectif ?

Quelle est la règle d'accord de l'adjectif qualifiant deux noms singuliers ?

Quelle est la règle d'accord de l'adjectif qualifiant deux noms de différent genre ?

Quelle est la règle d'accord avec des noms liés par *ou* ?

Quelle est la règle d'accord des adjectifs *ci-joint, ci-inclus, excepté, vu, supposé, y compris* ?

Dites la règle de l'adjectif *nu* ?

Dites la règle de l'adjectif *demi* ?

Dites la règle de l'adjectif *feu* ?

Dites la règle de l'adjectif en rapport avec le mot *gens* ?

DIALOGUE :

J. Presque tous les grammairiens disent : l'adjectif s'accorde avec son substantif : cette manière de parler me semble infiniment claire et précise; pourquoi n'est-elle pas admise dans notre grammaire ?

Le M. Avez-vous donc oublié que nous ne devons pas nous servir du mot substantif ? Maintenant, en admettant que nous nous servions de ce mot, je vous dirai que cette manière de parler manque d'exactitude.

J. Je ne vois pas cela du tout.

Le M. Dites-moi : le nom ou substantif appartient-il à l'adjectif, ou bien, est-ce l'adjectif qui est la propriété du substantif ?

J. Évidemment, c'est l'adjectif qui appartient au substantif.

Le M. Donc on ne doit pas dire, *l'adjectif et son substantif*, pas plus qu'on ne dit : *l'adjectif et son nom; la qualité et sa chose.*

J. C'est très-clair.

Le M. Passons plus loin.

J. Pourquoi au numéro 6, notre grammaire ne dit-elle

3

pas, comme Lhomond, *parce que deux singuliers valent un pluriel.*

Le M. La raison en est très-simple : *deux singuliers valent un pluriel* ne signifie absolument rien; car quelle que soit la quantité de noms singuliers qu'on accumule, on ne produira ni un nom pluriel ni un adjectif pluriel.

J. Je comprends : deux noms, six noms, douze noms d'objets différents ne donneront pas un nom pluriel, ni un adjectif pluriel.—Maintenant, Monsieur, je vous demanderai, pourquoi la grammaire dit l'adjectif s'accorde avec le nom qu'il qualifie? Il me semble que ce n'est pas le nom, mais la personne ou la chose signalée par le nom, qui est qualifiée?

Le M. C'est une manière de parler consacrée par l'usage; on dit le *nom* pour la personne ou la chose représentée par le nom.

J. Je vous dirai, qu'en cela, l'usage n'a pas mon approbation; j'aime qu'on dise les choses telles qu'elles sont.

Le M. Vous avez raison. Mais l'usage est un maître absolu dont l'autorité ne peut être discutée.

J. Pourriez-vous nous dire, Monsieur, s'il y a un moyen sûr, un moyen infaillible, pour trouver toujours et instantanément, le nom qualifié?

Le M. Certainement; c'est de faire avant l'adjectif la question *qui est?* La réponse sera toujours le nom qualifié; c'est même le seul moyen qui doive être employé pour l'application des règles.

J. Et maintenant, Monsieur, pourquoi les adjectifs *ci-inclus, y compris, excepté, vu, supposé, passé, attendu,* sont-ils invariables, placés immédiatement avant les noms, et s'accordent-ils, placés après? — N° 9. —

Le M. Impossible; c'est une manière d'orthographier consacrée par les auteurs. Voilà tout ce qu'on en peut dire.

J. Comment, Monsieur, il n'y a rien à dire là-dessus?

Le M. Ce que je puis ajouter, c'est que tout autrement placés, ces adjectifs s'accordent comme les autres; ainsi on écrira : *Etaient incluses dans votre paquet deux lettres pour vous et une pour votre famille. — Sont exceptés du service les gens infirmes. — Vues de près, ces peintures sont affreuses. — Supposés véritables et exacts, ces comptes n'en sont pas*

moins mal faits. — *Passés à la campagne, ces jours paraî-
traient insupportables.* — *Attendues pendant deux heures,
elles arrivèrent enfin.* Il ne faut jamais perdre de vue que les
exemples de votre grammaire sont des types ou des modèles
pour tous les cas absolument semblables.

J. Je vous demanderai maintenant quelques explications sur
le numéro 10.

Le M. En fait d'explication, je ne puis que vous répéter ce
que je vous ai dit au numéro 9, à savoir, que les exemples
donnés déterminent l'étendue et la portée de la règle. Voici des
phrases qui vous le feront comprendre : *Nus ils sont partis,
nus ils sont revenus.* — *Ces sauvages sont tout nus.* — *Il a
montré son âme toute nue.* — *Faire voir son âme à nu.* —
Ils étaient montés à nu sur leurs chevaux.

J. Article réglé. Voyons s'il vous plaît le numéro 11. Comment se fait-il que le mot *demi* placé après un nom, n'en prenne
que le genre ?

Le M. C'est que le mot *demi* n'est pas une qualification du
nom au pluriel, comme dans *de longues heures, des heures
bénies,* mais une qualification du nom au singulier, considérée isolément.

J. Monsieur, je n'ai pas vu dans mes grammaires le mot
demi employé comme nom masculin; voudriez-vous avoir la
complaisance de bien déterminer le rôle de *demi* comme nom
masculin ?

Le M. D'après l'Académie, le mot *demi* est nom masculin
lorsqu'il signale des moitiés d'objets qui sont du masculin, tels
que *fagots, tonneaux,* etc. : *Envoyez-moi, non de gros fagots, mais des demis.* — *J'attends cinq tonneaux de bière et
cinq demis.* — *Additionner les entiers et les demis.* Je vous
dirai toutefois que le mot *demi* dans ce sens, est d'un rare emploi; presque toujours on y joint le nom de l'objet.

J. Monsieur, nous avons mis en forme de colonnes et en re-
regard nos exemples par accord, et sans accord; est-ce ainsi
qu'il fallait faire?

Le M. Oui, M. E. C'est fort bien. Nous allons corriger votre
travail, et nous terminerons là la séance.

NEUVIÈME LEÇON.

Règles de Quelque, de Tout, de Cent, de Vingt, de Mille.

QUESTIONNAIRE :

Dites les règles de Quelque, de Tout, de Cent, de Vingt, de Mille.

DIALOGUE :

J. Monsieur, notre grammaire dit bien que devant un nom pluriel et devant un adjectif pluriel suivi d'un nom pluriel, *quelque* prend *s;* mais elle ne dit pas pourquoi ; voudriez-vous nous le dire ?

Le M. C'est parce que *quelques* signifie plusieurs : *Quelques fruits; quelques bons fruits; quelques grands services qu'ils m'aient rendus;* c'est-à-dire *plusieurs fruits; plusieurs grands services.*

J. J'allais vous demander encore, pourquoi *quelque* ne prend point d's devant un adjectif pluriel suivi d'un *que* ou d'un *qui;* mais je prévois votre réponse; vous direz que le mot *que* ne signifie pas plusieurs.

Le M. Je ne vous donnerais pas d'autre raison, en effet.

J. Je ne vous demanderai pas non plus pourquoi on écrit *quelque* en deux mots devant un verbe, il suffit de le voir; mais je vous prierai de nous dire si *quel* suit absolument la règle des autres adjectifs ?

Le M. Puisqu'il est reconnu comme adjectif, pourquoi n'en suivrait-il pas la règle ?

J. Autre question. Je comprends bien la différence d'idée qu'il y a entre : *elles sont tout émues,* et *elles sont toutes émues;* mais je ne m'explique pas pourquoi on écrit : *elles sont toutes malades* pour dire : *elles sont tout-à-fait malades.*

Le M. Votre grammaire vous en donne la raison : c'est par euphonie, c'est-à-dire, pour la satisfaction de l'oreille. Le fond est sacrifié à la forme. Au reste cela n'a lieu qu'au féminin; car au masculin on dirait : *ils sont tout malades,* ou *tous malades,* selon l'idée.

J. Notre grammaire ne parle pas de *tout,* employé seul. Quelle est sa règle dans ce cas-là ?

Le M. Je suis content de cette question. Elle me prouve que vous êtes un bon scrutateur. Voici ma réponse : Quand *tout* est employé seul, il s'écrit *tous* si on entend des hommes ou des objets masculins : *Tous sont contents ; tous sont arrivés ; je les ai vus tous;* mais si *tout* est relatif à des femmes ou à des objets féminins, il s'écrit *toutes : Toutes parlaient à la fois ; toutes voulaient entrer en même temps ; je leur ai parlé à toutes; je les ai rencontrées toutes.*

J. D'après le numéro 22, je ne vois pas bien si l'on doit écrire le mot *cent* avec une *s*, dans : *Trois cents à trois cent cinquante personnes; quatre cents ou quatre cent cinquante soldats;* j'entends le mot *cent* de la première partie de la phrase.

Le M. Certainement il faut ajouter une *s* à *cent;* car c'est absolument comme si l'on disait : *Trois cents personnes à trois cent cinquante personnes ; quatre cents soldats* ou *quatre cent cinquante soldats.*

J. Pourquoi donc dans presque toutes les grammaires, même dans les abrégés, toutes ces règles sont-elles reléguées à la deuxième partie ?

Le M. C'est parce que les grammairiens les ont jugées trop difficiles pour les présenter dans la première partie où est véritablement leur place.

J. Trop *difficiles !* Cela ne me paraît pas ainsi.

Le M. Je suis content qu'elles ne vous effrayent pas. De fait elles ne sont pas inabordables il suffit; pour les vaincre, de les bien attaquer. Deux ou trois numéros de vos exercices vous les rendront très-familières.

J. Je le crois. D'ailleurs il vaut mieux aller moins vite que de revenir sur ses pas ; et puis c'est insupportable d'avoir à chaque instant à écrire des mots dont on ne peut raisonner l'orthographe.

Le M. — Séance terminée.

DIXIÈME LEÇON.

LE PRONOM.

QUESTIONNAIRE :

Qu'est-ce que le pronom ?

Combien y a-t-il de sortes de pronoms ? Dites-les.

Qu'est-ce que les pronoms personnels ?

Combien y a-t-il de personnes ?

Quels sont les pronoms de chaque personne ?

Comment distingue-t-on *le, la, les,* articles de *le, la, les,* pronoms ?

Qu'appelle-t-on pronoms relatifs déterminatifs ?

Qu'entend-on par antécédent ?

Qu'est-ce que les pronoms possessifs ?

Qu'est-ce que les pronoms démonstratifs ?

Qu'est-ce que les pronoms indéfinis ?

Comment distingue-t-on *ce* adjectif ou pronom démonstratif, de *se* pronom réfléchi personnel ?

Comment distingue-t-on *leur* pronom de *leur* adjectif possessif ?

Dites la règle d'accord des pronoms ?

DIALOGUE :

J. Pourquoi notre grammaire ne définit-elle pas les pronoms comme les autres grammaires, lesquelles disent toutes : *Le pronom est un mot qui tient la place du nom ?* J'ai toujours entendu dire que *pronom* signifie mot *mis pour nom.*

Le M. Parce que cela n'est vrai que pour les pronoms qui remplacent les noms, comme *il, elle, lui, leur, le, la, les;* mais cela est faux pour *je, me, moi, nous, tu, te, toi, vous; on, quelqu'un, chacun, autrui, personne, rien.*

J. Je le reconnais, les pronoms de la première personne, ceux de la deuxième, les pronoms indéfinis et interrogatifs signalent des personnes, mais ils ne remplacent pas des noms.

Le M. Vous voyez donc bien que la définition de votre grammaire qui dit, *que le pronom signale un nom, ou représente comme lui l'idée d'une personne ou d'une chose* est exacte et complète.

J. Je ne le puis contester. Mais il y a quelque chose qui ressemble à une confusion.

Le M. Et quoi donc ?

J. C'est que, si les pronoms signalent les personnes et les

choses comme les noms, on peut confondre les pronoms dans la définition des noms.

Le M. Vous avez oublié la définition du nom. Cherchez-la, s'il vous plaît.

J. « Le nom est un mot qui sert à nommer une personne ou une chose. »

Le M. Le pronom nomme-t-il les personnes ou les choses ?

J. Non, monsieur.

Le M. Donc les pronoms ne peuvent être compris dans la définition des noms, ni les noms dans celle des pronoms.

J. C'est très-juste.

Le M. J'attends une question.

J. Il y a une sorte de mots que toutes les grammaires, et même la nôtre, appellent *pronoms*, et qui ne me paraissent pas en avoir les caractères ?

Le M. Quels sont ces mots, s'il vous plaît ?

J. Ce sont *qui, que, dont, lequel, laquelle, duquel, auquel, auxquels, desquels,* etc., placés immédiatement après des noms. Comment expliquez-vous que des mots en remplacent d'autres qui, non-seulement ne sont pas déplacés, mais qui sont presque toujours placés immédiatement devant eux ?

Le M. Ici, M. E., vous me réduisez à *quià*. Ce que je dois ou puis vous dire, c'est que quatre grands grammairiens qui ont examiné cette question à fond, ont reconnu que les mots que vous signalez devraient être classés parmi les adjectifs, et non parmi les pronoms.

J. Pourquoi, parmi les adjectifs, et sous quelle dénomination ?

Le M. Parmi les adjectifs, par cela qu'ils sont toujours joints à des noms; et sous la dénomination d'adjectifs *conjonctifs*, parce qu'ils servent à lier, à joindre les noms qui les précèdent avec les mots placés après. *Adjectif conjonctif* indique cette double fonction.

J. Cela me paraît bien raisonner. Pourquoi donc notre grammaire n'admet-elle pas cette classification ?

Le M. Il est certains usages qu'on ne peut pas attaquer, ou qu'on est forcé de respecter. Toutes les grammaires des écoles et l'Académie elle-même classent les *qui, que, dont,* etc., parmi les pronoms; votre grammaire ne pouvait pas changer un usage si répandu; toutefois elle a introduit une petite modification destinée à simplifier l'application des règles relatives à ce principe.

J. Et quelle est cette modification, s'il vous plaît ?

Le M. C'est d'indiquer, par le mot *déterminatif,* la propriété qui les distingue, qui est de déterminer les noms, c'est-à-dire, de les faire entendre dans un sens particulier.

J. Je crois que déjà vous nous avez fait comprendre cela quand je vous ai demandé ce qu'on entend par déterminatif.

Le M. Voici une explication qui vous le fera mieux comprendre encore : Si je dis : *la personne est ma parente,* rien ne spécifie, ne détermine ou ne fait entendre de quelle personne il s'agit; mais si je dis : *la personne que vous avez vue est ma parente,* par les mots *que vous avez vue,* je détermine, je fais connaître la personne. Donc c'est à l'aide du mot *que* que parente s'entend dans un sens particulier.

J. Alors on doit dire que les *qui* ou les *que* ainsi que les autres pronoms relatifs doivent s'appeler pronoms relatifs-déterminatifs.

Le M. C'est ce que je voulais vous faire entendre.

J. Voudriez-vous avoir l'obligeance, Monsieur, de nous dire, dans quel cas on emploie *nous* pour *je ?*

Le M. *Nous* s'emploie pour *je* par les chefs d'administration : *Nous, préfet de l'Aisne ; nous, maire de la ville.* — Un orateur, un auteur, emploient aussi très-souvent *nous* pour *je : nous avons dit ; nous ne parlerons pas de...*

J. Quand emploie-t-on *vous* pour *tu ?*

Le M. On emploie *vous* pour *tu* par politesse, par déférence, envers les personnes que l'on ne doit pas tutoyer : *Vous êtes trop complaisant, Monsieur.*

J. Quelle règle d'orthographe suit l'adjectif se rapportant à *nous* mis pour *je,* ou à *vous* mis pour *tu ?*

Le M. L'adjectif s'accorde comme s'il y avait *je* ou *tu.*

J. Voudriez-vous nous donner le moyen de distinguer *ce* pronom démonstratif ou adjectif démonstratif, de *se* pronom personnel ?

Le M. Avec plaisir. *Ce* adjectif est toujours devant un nom : *Ce garçon, ce bon enfant*. *Ce* avec *qui, que, quoi, dont,* forme une sorte de pronom composé : CE QUE *vous dites;* CE QUI *le tourmente;* CE A QUOI *il pense;* CE DONT *je me plains;* C'EN EST *fait.* CE est pronom démonstratif devant *être* et *sembler* : *c'est moi ;* CE *me semble. Se* pronom personnel signifie *soi* ou *à soi : il* SE *plaint; ils* s'*écrivent.*

J. Pourquoi n'avons-nous qu'une règle sur les pronoms ?

Le M. Parce qu'il n'y a qu'une sorte de pronoms, les pronoms de la troisième personne, qui puissent être assujétis à une règle, les autres ayant une forme qui est toute naturelle.

J. Monsieur, nous avons remarqué dans les phrases à analyser que nous donne notre grammaire, des mots qui ne sont pas compris dans les espèces que nous avons vues, comme *selon, sont, aussi, sacrifient, à, quand, ne, d', chez, pour ;* que devons-nous dire de ces mots-là ?

Le M. Rien, quant à présent. Au fur et à mesure que vous étudierez de nouvelles espèces de mots, vous les analyserez : mais jamais vous ne serez obligés d'analyser des mots que vous ne connaîtrez pas.

J. Cela étant ainsi, je vois que l'analyse n'est pas la mer à boire.

Le M. C'est la science la plus facile du monde ; si toutefois l'explication grammaticale peut être appelée une science.

J. Tout le monde ne voit pas la chose comme vous.

Le M. Il se peut, mais sachez-le bien, l'analyse grammaticale est un moyen qui aide à l'étude de la grammaire, mais elle n'est pas une véritable science ; car si c'était une science, ce serait une science dans la science de la langue.

J. Mon cousin, qui va au collége, et ma cousine, qui va à la Croix, pensent eux, d'après l'analyse qu'on leur fait faire, que c'est une véritable science. Figurez-vous qu'ils en font chacun trois grandes pages par semaine et que c'est l'élève qui en fait le mieux qui doit avoir le prix de français dans sa classe.

Le M. Je sais que presque généralement on tient plus à l'analyse qu'à la véritable science qui est la langue : mais cela ne doit pas déranger notre plan. Nous ne ferons donc tous les jours que quelque peu d'analyse verbale ; et pourtant je compte que dans fort peu de temps vous analyserez parfaitement.

J. Nous n'en écrirons donc jamais ?

Le M. Non; écrire de l'analyse, c'est perdre son temps, son encre et son papier.

J. Enfin, Monsieur, pourquoi ne voulez-vous pas que nous fassions de l'analyse écrite?

Le M. Parce que pour faire de l'analyse écrite, il faut en savoir faire verbalement : or, si l'on sait en faire verbalement, pourquoi passer son temps à en écrire. D'ailleurs l'analyse n'est que l'explication grammaticale des mots, et comme explication, ce doit être un exercice verbal.

J. Je le vois, Monsieur, vous aimez mieux que nous exercions notre esprit que notre plume.

Le M. Certainement. Il me reste à vous dire une dernière chose : c'est qu'il y a dans notre langue certains groupes de mots qui ont tout à fait le sens du pronom.

J. Quels sont ces groupes? ,

Le M. Ces groupes, qu'on peut appeler *pronoms composés indéfinis,* sont : *ce que, ce qui, ce dont, tout ce que, tout ce qui, ce à quoi, quoi que ce soit, qui que ce soit.*

J. Comment nous faudra-t-il analyser ces groupes?

Le M. Il faudra les analyser tout d'un trait, en les appelant *pronoms indéfinis composés,* comme je viens de vous le dire.

J. C'est fort aisé ; cela nous fera gagner du temps ; aussi bien je crois voir que la décomposition qu'on en pourrait faire, amènerait beaucoup de lenteur dans l'analyse, et aurait l'inconvénient de changer les idées.

Le M. Séance terminée.

ONZIÈME LEÇON.

DU VERBE.

QUESTIONNAIRE :

Qu'est-ce que le verbe?

Que faut-il considérer dans le verbe?

Qu'appelle-t-on conjugaison?

Qu'indique le nombre dans un verbe?

Qu'est-ce que la personne?

Qu'est-ce que les modes? Combien y en a-t-il? Quels sont-ils?

Qu'est-ce que les temps?

Combien y en a-t-il?

DIALOGUE :

J. Notre grammaire, Monsieur, ne définit le verbe comme aucune autre grammaire ?...

Le M. Cela est vrai ; mais rappelez-vous que nous avons dit : *qu'une définition est le signe sensible auquel on reconnaît une chose;* or, le signe sensible auquel on reconnaît qu'un mot est verbe, c'est que ce mot soit conjugable (1); donc votre définition est juste.

J. C'est vrai : tout mot qu'on peut conjuguer est verbe : *marcher, lire, écrire, parler,* sont des verbes, puisqu'on peut conjuguer ces mots-là.

Le M. Donc, puisque vous connaissez par votre définition quand un mot est un verbe, votre définition est telle qu'elle doit être.

J. Pourquoi donc la chose étant si simple et si claire, les grammairiens donnent-ils tant d'autres définitions ? J'ai neuf grammaires qui toutes présentent des définitions différentes.

Le M. Si vous en aviez vingt-cinq vous auriez peut-être vingt-cinq définitions ; et la raison de cette diversité de définitions, c'est que les grammairiens veulent tous en formuler d'après les fonctions des verbes ou d'après les diverses idées qu'ils expriment; or, comme les verbes ont une infinité de fonctions, ou jouent une infinité de rôles dans la pensée, de là résulte cette multiplicité de définitions différentes : le verbe, *c'est la parole ;* le verbe, *c'est l'âme du discours;* le verbe, *c'est le mot par excellence ;* le verbe, *marque l'état, ou l'action, ou la station, ou l'affirmation,* etc.

J. Je comprends ce que vous dites; car j'ai remarqué qu'à l'exception de la définition de Lhomond, laquelle se rapproche de la nôtre, toutes m'ont paru incompréhensibles; parce qu'elles ne signalent pas du tout les mots qu'on appelle verbes.

Le M. Si cela peut vous faire plaisir, nous examinerons ensemble quelques-unes de ces définitions.

J. Volontiers. Voyons d'abord celle de Lhomond, ainsi don-

---

(1) Le mot *conjugable* n'est pas dans le DICTIONNAIRE DE L'ACADÉMIE ; mais il se trouve dans plusieurs autres.

née : « Le verbe est un mot qui sert à exprimer que l'on est ou
» que l'on fait quelque chose. »

Le M. Quand on dit : *Cet homme a un cheval; cet homme
est à Paris; cet homme ne bouge ni ne remue; cet homme
ne fait rien;* dites-moi, dans aucun de ces cas, dit-on que
l'homme est quelque chose, ou fait quelque chose ?

J. Evidemment, non.

Le M. Donc cette définition ne signale pas le mot qu'on appelle verbe et ne le fait pas connaître.

J. Cela est vrai. Mais après cette définition, Lhomond dit
que l'on reconnaît qu'un mot est un verbe quand on peut mettre devant les pronoms *je, tu, il, nous, vous, ils.*

Le M. Alors, ce n'est pas la définition qui fait distinguer ou
connaître un verbe, c'est l'explication qui la suit. Or, remarquez
que c'est cette explication que votre grammaire vous donne en
forme de définition. Donc, la définition de Lhomond est un
peu au rebours.

J. Passons à une autre : « Le verbe est un mot qui marque
» l'affirmation. »

Le M. D'après cette définition vous devez conclure que tout
mot qui marque l'affirmation est un verbe.

J. Evidemment.

Le M. *Oui, assurément, évidemment, à coup sûr, certainement,* sont-ce des expressions affirmatives ou des mots qui
marquent l'affirmation ?

J. Certainement.

Le M. Ces mots-là sont-ils des verbes ?

J. Evidemment, non.

Le M. S'il y a des mots qui marquent l'affirmation, et qui ne
sont pas des verbes, l'affirmation n'est donc pas le signe dis-
tinctif ou particulier du verbe ?

J. C'est incontestable.

Le M. Continuons notre examen : Si le verbe marque l'affirmation, où il n'y a pas d'affirmation, il n'y a pas verbe.

J. C'est très-concluant.

Le M. Y a-t-il affirmation dans : *il voudrait, il ne veut pas,*

*il doute, il n'affirme pas, il commande, que pensez-vous ?
que diriez-vous ?*

J. Je n'en vois aucune ; je ne vois même guère que des idées
contraires.

Le M. Pourtant tous ces mots-là sont des verbes. Donc dire
que le verbe est un mot qui marque l'affirmation est une définition qui manque de vérité.

J. J'ai remarqué encore quelque chose de très-singulier dans
la grammaire qui donne cette définition.

Le M. Hé ! quoi donc ?

J. C'est que cette grammaire ne reconnaît d'abord qu'un
verbe, le verbe *être*, — qu'elle appelle *verbe substantif* :
puis elle dit tout de suite après, que les autres verbes, qu'elle
appelle *verbes adjectifs*, — ne sont véritablement verbes, que
parce qu'ils ont en eux un attribut ; lequel attribut est le participe présent. — Or, comme je ne vois pas de substantif dans
le verbe *être*, ni d'adjectif dans les autres, je vous prie de
nous expliquer ce que tout cela signifie ; et comment aussi un
grammairien peut dire qu'il n'y ait qu'un verbe, lorsqu'il en
reconnaît immédiatement un nombre considérable.

Le M. M. E., le temps est trop précieux pour qu'on le sacrifie à
expliquer de pareilles incohérences grammaticales ; si un jour
nous avons du temps à perdre, et que l'occasion s'en présente,
nous verrons, non pour débrouiller ce chaos, mais pour vous
faire voir que ce n'est qu'un chaos.

J. Encore une petite question ! La grammaire dont je vous
parle, appelle verbes adjectifs ceux qui ont un attribut, c'est-
à-dire, un participe présent ; or il y a des verbes qui n'ont pas
de participe présent ; dans quelle classe placer ceux-là ?

Le M. Je vous le dirai quand je l'aurai appris de l'auteur.

J. Il est probable que ce ne sera jamais. — Ces verbes-là
sont plus heureux que nous.

Le M. Comment cela ? Je ne vous comprends pas.

J. Cela est pourtant bien clair : Puisqu'ils n'ont pas de
classe, ils ont toujours congé.

Le M. Ah ! par exemple ! un calembourg grammatical.

J. Je voudrais bien savoir, Monsieur, comment les grammairiens qui définissent le verbe, *mot qui marque l'affirmation*, prouvent qu'il y affirmation dans *je n'affirme pas ?*

Le M. Voici leur argument : Quand on dit, *je n'affirme pas*, on affirme *qu'on n'affirme pas* : or, affirmer qu'on *n'affirme pas*, c'est affirmer : donc quand on dit *je n'affirme pas*, on affirme. — Voulez-vous que nous examinions encore quelque autre définition ?

J. Je pense cela inutile. Si celle qui est la plus répandue se justifie si mal, que dire des autres.

Le M. Alors nous terminerons là la séance.

DIX-HUITIÈME LEÇON.

Des Temps des Verbes et des Modes.

QUESTIONNAIRE :

Combien la durée admet-elle de parties ?

Comment divise-t-on les temps des verbes ?

Qu'appelle-t-on temps primitifs?

Qu'appelle-t-on temps dérivés ?

Combien y a-t-il de temps primitifs ? — Dites-les.

Comment divise-t-on encore les temps des verbes ?

Qu'est-ce que les temps simples?

Qu'est-ce que les temps composés ?

Qu'appelle-t-on temps composés?

Combien y a-t-il de modes ?

DIALOGUE :

J. M., sur quoi est fondée la dénomination des temps ?

Le M. Cette dénomination est fondée sur les diverses idées d'époque, absolues ou relatives qu'ils indiquent.

J. Oh ! oh ! voilà qui outre-passe notre intelligence. Est-ce que vous ne pourriez pas nous expliquer cela d'une autre manière ?

Le M. Je le pourrais certainement ; mais cela nous entraînerait fort loin et vous ne pourriez pas bien me comprendre ; et puis cela ne vous est pas nécessaire pour apprendre l'orthographe. Il suffit pour la première partie de la grammaire que vous connaissiez les noms et les temps des verbes.

J. Ces noms ont-ils toujours été les mêmes ?

Le M. Non, plusieurs ont été changés ; certains grammairiens ont même essayé de les remplacer tous par d'autres, qu'ils jugeaient plus propres à fixer les idées des divisions et des subdivisions du temps ; mais la nomenclature actuelle a prévalu.

J. Ainsi nous n'avons pas absolument besoin de savoir d'où viennent les noms des temps, pour écrire les temps des verbes et les employer?

Le M. Du tout. Les pensées appellent les temps et les coordonnent sans, pour ainsi dire, aucun travail de l'esprit.

J. C'est-à-dire qu'on emploie les temps tout naturellement.— Mais des modes, que nous en direz-vous?

Le M. Les modes; cela n'est pas non plus une connaissance nécessaire pour l'étude de l'orthographe; nous en expliquerons l'emploi dans la syntaxe.

J. Alors, pourquoi en parler maintenant dans la grammaire?

Le M. On en parle seulement pour ordre, c'est-à-dire, parce que les modes font partie essentielle du verbe, et qu'on ne peut traiter du verbe, sans parler des modes.

J. Je comprends; un mode n'est pas une manière particulière d'écrire le verbe, mais une manière de signaler l'idée du verbe. Donc, il est inutile d'en parler maintenant.

Le M. Chaque chose doit être traitée en son temps.

J. Dernière question. Pourquoi appelle-t-on l'infinitif, mode impersonnel?

Le M. C'est parce que les temps de ce mode ne sont pas précédés des pronoms personnels je, tu, il, etc., comme les autres temps.

J. Ainsi, toute cette leçon consiste à apprendre et connaître les temps des verbes, et à en distinguer les sortes, c'est-à-dire à connaître les temps simples, les temps composés, les temps primitifs et les temps dérivés?

Le M. C'est là tout son objet. Séance terminée.

DIX-NEUVIÈME LEÇON.

Formation des Temps dérivés.

QUESTIONNAIRE :

Quels temps forme-t-on de l'in-   Quels temps forme-t-on du par-
finitif?   ticipe présent?

Quels temps forme-t-on du participe passé ?

Quels temps forme-t-on de l'indicatif présent ?

Quels temps forme-t-on du passé défini ?

Qu'appelle-t-on verbes réguliers?

Qu'appelle-t-on verbes irréguliers ?

Qu'appelle-t-on verbes défectifs ?

Que doit-on remarquer sur les verbes défectifs ?

DIALOGUE :

Le M. Cette leçon, M. E., est la suite de la précédente. — Vous rappelez-vous ce qu'on appelle temps *primitifs* et temps *dérivés ?*

J. Parfaitement, M. ; les temps primitifs sont les temps qui existent nécessairement, et les temps *dérivés* sont tous les autres, qui sont considérés comme formés des temps primitifs.

Le M. C'est très-bien. — Pourriez-vous me dire en quoi consiste toute la science des verbes ?

J. Cela me semble un peu difficile.

Le M. Hé bien ! toute la science des verbes consiste à bien connaître les temps primitifs et à savoir en former les temps dérivés.

J. Je le croirais très-facilement s'il n'y avait pas une classe de verbes irréguliers qui est sans doute fort nombreuse, et une classe de verbes défectifs composant sans doute aussi une nombreuse compagnie.

Le M. Vous semblez effrayé, rassurez-vous. Vous avez des Exercices orthographiques qui vous viendront en aide ; quand vous en aurez fait une douzaine de leçons et que vous aurez vu quelques centaines de verbes dans leurs principales difficultés, vous reconnaîtrez que les verbes ne sont pas aussi inabordables qu'ils paraissent.

J. Notre grammaire et celles de mon armoire ne sont pas d'accord du tout sur la forme des verbes irréguliers.

Le M. Comment cela ?

J. Notre grammaire dit que les verbes irréguliers sont ceux dont les temps dérivés ne se forment pas bien des temps primitifs ; et mes grammaires disent toutes, que les verbes irréguliers sont ceux dont les temps dérivés ou primitifs ne sont pas conformes dans leurs terminaisons aux temps des verbes donnés pour modèles. D'où il résulte qu'il doit y avoir moins de verbes irréguliers d'après notre grammaire que d'après les autres.

Le M. Ce que vous dites-là est très-raisonnable. Mais sachez que l'irrégularité d'un verbe n'est pas la conséquence de la ressemblance de la terminaison de ses temps avec ceux de son modèle de conjugaison ; car s'il en était ainsi, un grand nombre de verbes se trouveraient réguliers avec un modèle, et irréguliers avec un autre. Un verbe est régulier ou irrégulier en conséquence des règles de la formation des temps, et non en conséquence du modèle de sa conjugaison.

J. Cela me paraît très-clair. — Maintenant, il me semble que vous pourriez nous donner la liste des verbes irréguliers.

Le M. D'après la formation des temps, il n'y a que vingt-quatre verbes irréguliers, qui sont : *Aller, envoyer, acquérir, courir, tenir, venir, avoir, asseoir, mouvoir, pouvoir, pourvoir, mouvoir, prévaloir, prévoir, savoir, valoir, voir, vouloir, boire, dire, être, faire et prendre,* et les composés de ces verbes (ceux qui en ont).

J. Y a-t-il beaucoup de verbes défectifs ?

Le M. Il n'y en a que seize, qui sont : *Défaillir, faillir, gésir, déchoir, échoir, falloir, seoir, surseoir, absoudre, clore, éclore, frire, luire, oindre, paître, traire,* et les composés de ces verbes (ceux qui en ont). — Séance terminée.

VINGTIÈME LEÇON.

Des diverses sortes de Verbes.

QUESTIONNAIRE :

Combien y a-t-il de sortes de verbes ?

Qu'est-ce que les verbes auxiliaires ?

Qu'est-ce que les verbes actifs ?

Qu'est-ce que les verbes neutres?

Qu'est-ce que les verbes passifs?

Qu'est-ce que les verbes pronominaux ?

Qu'est-ce que les verbes pronominaux essentiels ? — accidentels ?

Qu'est-ce que les verbes unipersonnels?

DIALOGUE :

J. Le verbe *avoir* et le verbe *être* sont-ils toujours verbes *auxiliaires* ?

Le M. Non, M. E. ces verbes ne sont *auxiliaires* que

lorsqu'ils entrent dans la composition des temps ; mais lorsqu'ils sont seuls , le verbe *avoir* est *actif*, et le verbe *être* est *neutre*.

J. Alors dans l'explication grammaticale ou l'analyse , ces verbes ne s'appellent jamais *verbes auxiliaires ?*

Le M. Non, jamais ; car s'ils sont employés comme tels, c'est le verbe qu'ils accompagnent qui s'explique ou s'analyse, et non le verbe *auxiliaire.*

J. Les autres verbes sont-ils *neutres* ou *actifs* d'une manière absolue?

Le M. Non, M. E. En général, les verbes ne sont ni *neutres*, ni *actifs* d'une manière absolue. Un verbe n'est réellement *actif* qu'autant que l'idée qu'il signale se porte nécessairement sur une autre idée , ou appelle une autre idée ; et un verbe n'est réellement *neutre* que dans le cas où il exprime une idée absolue. Ainsi beaucoup de verbes ne sont verbes *actifs* ou *neutres* que relativement.

J. Voudriez-vous avoir l'obligeance de nous démontrer cela par des exemples ?

Le M. Avec plaisir. *Lire* et *écrire* sont *actifs* dans *il lit l'histoire, il écrit une page* ; mais ils sont *neutres* dans *il ne fait que lire et écrire.* — *Chanter* et *parler* sont *neutres* dans *il chante et parle sans cesse*, et sont *actifs* dans *il chante des cantiques, il parle sa langue.*

J. Peut-on conclure de là, que si l'on cite un verbe à l'infinitif, comme *dormir, prendre, courir, marcher*, sans aucun accompagnement, il soit toujours *neutre ?*

Le M. Cette conséquence serait extrême. Quand un verbe est cité ainsi à l'infinitif, où sa fonction est indéterminée, on doit l'appeler *actif* si l'on peut le faire suivre des mots *quelqu'un* ou *quelque chose*, et *neutre*, s'il exprime une idée qui soit tout-à-fait absolue : Ainsi on appellera *donner* verbe actif, — et *courir* verbe neutre.

J. Voudriez-vous nous démontrer ce que l'on entend par verbe *actif* employé *neutralement* et verbe *neutre* employé *activement?*

Le M. Volontiers. Quand on dit : *cette homme aime autant à prendre qu'à rendre*, ce sont deux verbes actifs employés *neutralement*, parce qu'ils signalent l'idée d'une manière absolue ;

mais si l'on dit : *il court des dangers, il soupire des vers,* *courir* et *soupirer*, qui sont *neutres* par leur nature, sont ici *actifs* ou employés activement.

J. J'ai vu, M., dans mes grammaires que, au lieu de *actif* on dit *transitif*, et que, au lieu de *neutre* on dit *intransitif.* Est-ce le goût du nouveau, ou un motif raisonnable qui a fait remplacer *actif* et *neutre*, par *transitif* ou *intransitif?*

Le M. On peut croire que c'est le goût du nouveau, car les mots *transitif* et *intransitif* qui remplacent *actif* et *neutre* ne simplifient nullement la méthode ou la marche de l'étude.

J. Certaines grammaires appellent *réfléchis* les verbes que la nôtre appelle *pronominaux;* d'où vient cela ?

Le M. Cela vient de la manière différente de considérer cette sorte de verbes. Ceux qui disent *verbes réfléchis,* définissent ces verbes d'après le rôle des idées, c'est-à-dire, qu'ils voient l'action du verbe *réfléchie* sur le sujet : *je me flatte, tu te trompes* pour *je flatte moi, tu trompes toi.* — Ceux au contraire qui emploient le mot *pronominal,* définissent ces verbes d'après la réunion nécessaire des deux pronoms de la même personne. .

J. Alors, les uns ont raison, et les autres n'ont pas tort.

Le M. Cela est vrai. Mais comme il faut opter, vous devez suivre votre grammaire.

J. Voudriez-vous, M., avoir l'obligeance de nous expliquer ce que les grammairiens entendent par *verbes réciproques;* notre grammaire n'en parle pas?

Le M. Ce sont des *verbes pronominaux* qui expriment une action faite mutuellement par deux ou plusieurs personnes. Ces verbes sont nécessairement à l'une des trois personnes plurielles : *Nous nous parlons, — vous vous battez, — ils s'écrivent.*

J. Autre question. Notre grammaire dit *verbe unipersonnel,* tandis que presque toutes les autres disent *verbe impersonnel;* pourquoi cela ?

Le M. Votre grammaire n'emploie pas l'expression *impersonnel* parce que c'est un terme équivoque : *Impersonnel* peut signifier ou sans personne, ce qui est inexact; ou exprimant une action qui ne peut s'attribuer à une personne. L'expression *unipersonnel* lève toute équivoque et indique d'une manière précise un verbe qui n'a qu'une personne.

J. Cela me paraît clair.

Le M. Je dois vous dire que les verbes unipersonnels comme les verbes essentiellement pronominaux sont des gallicismes, c'est-à-dire, des locutions qui ne sont propres qu'à notre langue. Ce sont des assemblages de mots qui n'expriment qu'une idée et qui ne sont pas, par conséquent, susceptibles de décomposition. Aussi on doit les analyser tout d'un trait. Les verbes unipersonnels semblent jouer le rôle de tous les autres verbes, mais ils n'en ont ni les caractères, ni les propriétés. — La séance est levée.

VINGT-UNIÈME LEÇON.

Manière de conjuguer les diverses sortes de Verbes.

QUESTIONNAIRE:

Comment se conjuguent les verbes actifs ?

Comment se conjuguent les verbes neutres ?

Comment se conjuguent les verbes passifs ?

Comment se conjuguent les verbes pronominaux ?

Comment se conjuguent les verbes unipersonnels ?

DIALOGUE :

J. Cette leçon ne semble pas offrir un grand nombre de difficultés, je n'en vois même qu'une, mais elle est grosse comme une montagne.

Le M. Quelle est donc cette difficulté monstrueuse ?

J. C'est de savoir quels sont les verbes neutres qui se conjuguent tantôt avec *avoir* et tantôt avec *être* ?

Le M. Je vous comprends. Les *tantôt* vous dévoient ici, comme les *quelquefois* vous dévoient dans les règles de vos grammaires. Il est de fait que les *tantôt* et les *quelquefois* sont plutôt propres à égarer qu'à guider l'esprit.

J. Alors, M., comment nous tirer de cette difficulté ?

L. M. Je vais tâcher de le faire. Nous allons voir quelques-uns de ces verbes, et par l'examen de ceux-là, vous pourrez juger des autres.

J. Prenons d'abord le verbe *passer*. Si celui-là passe bien... les autres passeront aussi.

Le M. Passe pour le verbe *passer*. Maintenant, attention. Rappelez-vous que tout verbe qui signale un mouvement, une action annonçant une certaine continuité, doit prendre *avoir* dans ses temps composés ; mais que si le fait signalé par le verbe est considéré comme consommé, ou sans continuité, il faut employer *être*.

J. Tout cela n'est pas très-clair et appelle des exemples.

Le M. En voici : Quand on dit : *Nous avons passé la rivière*, — *nous avons passé par Paris*, — *nous avons passé dans vingt villages*, on marque un mouvement, une action ; mais si on dit : *Ils sont passés depuis une heure*, — *les moments favorables sont passés*, — *Ce mois sera bientôt passé.* Il y a station ou discontinuité.

J. Cela commence à se débrouiller.

Le M. Voulez-vous voir maintenant le verbe *demeurer ?*

J. Un petit complément ; cela ne peut nuire.

Le M. On dit : *Il est demeuré en chemin*, — *voilà où nous en sommes demeurés.* Il y a station, terme, arrêt. — *J'ai demeuré trois ans à la campagne*, — *cette ville leur paraissant agréable, ils y ont demeuré dix ans.* Dans ces deux dernières phrases, le verbe *demeurer* n'annonce pas un arrêt, une fin, un terme absolu, mais un séjour momentané.

J. Maintenant, M., je vous demanderai s'il y a des verbes qui prennent indifféremment *avoir* ou *être* dans leurs temps composés ?

Le M. Oui, M. E. Je vous citerai particulièrement *accourir :* on dit, *j'ai accouru* ou *je suis accourue*. — *Apparaître* et *disparaître* : *Il a apparu, disparu* ou *il est apparu, disparu*. — *Croître* : *la famille a bien crû* ou *est bien crûe*. — Périr : *Le reste a péri* ou *est péri de faim*. — Cesser : *La fièvre a cessé* ou *est cessée*. — Contrevenir : *Avoir* ou *être contrevenu à la loi*. — *Echapper*, quand il signifie n'être pas saisi, aperçu : *Le cerf a échappé* ou *est échappé aux chasseurs*.

J. Enfin, M., nous nous contenterons de ces explications ; mais tout cela ne vaut pas une bonne règle.

Le M. Je vous dis les choses telles qu'elles sont. Au reste, rassurez-vous ; vous verrez tant de verbes dans vos exercices, que sans effort, ce point pratique s'implantera tout naturellement dans votre esprit. — La séance est levée.

VINGT-SIXIÈME LEÇON.

Observations sur les Verbes de la première Conjugaison.

QUESTIONNAIRE :

Que doit-on observer sur les verbes en *ger* ?

Que doit-on observer sur les verbes en *cer* ?

Que doit-on observer sur les verbes en *eler* et en *eter* ?

Que doit-on observer sur les verbes de la première conjugaison ?

Que doit-on observer sur les verbes qui ont la dernière syllabe de l'infinitif précédée d'un e muet ou d'un é fermé ?

Que remarque-t-on sur les verbes en *ouer* et en *uer* ?

Que doit-on observer sur les verbes dont la deuxième personne singulière de l'impératif est terminée par une voyelle ?

DIALOGUE :

J. Pourquoi les verbes en *ger* prennent-ils un *e* muet, et ceux en *cer* une cédile devant les voyelles *a* et *o* ?

Le M. C'est afin d'adoucir la prononciation de *g* et de *c*, de manière que le *g* se prononce comme *j* et le *c* comme *s*. L'emploi de la cédile a lieu également devant *u* dans les autres conjugaisons : *J'ai reçu, — je reçois.*

J. Tous les verbes en *eler* et en *eter* doublent-ils les consonnes *l* et *t* devant un *e* muet ?

Le M. Non, M. E. ; l'Académie, dont nous suivons exactement l'orthographe, ne double pas *l* et *t* dans les verbes suivants : *Bourreler, congeler, celer; geler, harceler, marteler, modeler, peler, acheter, becqueter, crocheter, décoleter, étiqueter, haleter, épousseter.*

J. Voilà une kirielle de mots qui se casera difficilement dans ma mémoire, en admettant qu'elle y puisse entrer.

Le M. Je le crois ; mais au moyen de vos exercices, vous surmonterez cette difficulté comme beaucoup d'autres ; d'ailleurs, dans l'incertitude, je vous conseille de doubler *l* et *t*; il vaut mieux pécher contre l'exception que contre la règle.

J. N'y a-t-il pas d'autre observation ?·

Le M. En voici encore une. Dans ces verbes, quand *l* ou *t* sont suivis d'un *e* muet, comme je *bourrèle*, j'*achète*, on met un accent grave sur l'*e* qui précède *l* et *t* : je *bourrèle*, j'*achète*, excepté épousseter qui fait j'*époussete*, j'*épousseterai*.

J. Voudriez-vous, M., nous expliquer pourquoi les verbes dont le participe présent est terminé en *yant* prennent un *i* après l'*y* grec, et les verbes en *iant* prennent deux *i*, à l'imparfait de l'indicatif et au présent du subjonctif?

Le M. C'est parce que l'*y* ou l'*i* dans les participes présents appartient au radical, et que la terminaison des deux premières personnes plurielles de tous les verbes à ces deux temps, commence par *i*.

J. J'ai vu souvent, je pourrais même dire presque toujours, je *paie*, écrit avec un *i* simple, tandis que notre grammaire l'écrit par *y* ; d'où vient cela ?

Le M. C'est que votre grammaire suit l'orthographe de l'Académie, laquelle veut que les verbes en *ayer* et en *eyer*, conservent toujours l'*y* grec, et n'admet le changement de l'*y* grec en *i* simple que dans les verbes en *oyer* et en *uyer*.

J. Quelle est la raison du tréma que veut la grammaire sur l'*ï* dans les verbes en *ouer* ou en *uer*.

Le M. Ce tréma sert à séparer dans la prononciation l'*i* de l'*u* qui le précède, de manière qu'on dise, nous *jouïons*, nous *continuïons*, et non, nous *jouions*, nous *continuions*. Toutefois dans les verbes en *quer* ou en *guer*, cette distinction n'a plus lieu : *Nous attaquions, nous haranguions, que vous arguiez*.

J. Pourquoi, dans les verbes de la première conjugaison, l'*r* du futur et du conditionnel est-elle toujours précédée d'un *e* muet ?

Le M. La raison en est simple, c'est que la terminaison du futur et celle du conditionnel de ces verbes, commencent toujours par un *e* muet, *era, erais*.

J. Notre grammaire ne dit rien sur les verbes en *éer* dont parlent d'autres grammaires, serait-ce une omission ?

Le M. Nullement; c'est que cette remarque a été jugée inutile ; d'après la règle de la formation des temps, il doit exister tout naturellement deux *e* de suite au futur et au conditionnel dans les verbes en *éer*.

J. Pourquoi ajoute-t-on une *s* à l'impératif devant *en* et *y* ?

Le M. C'est pour éviter le choc des deux voyelles, comme dans *cueille-en, va-y*. Il faut remarquer toutefois que si *en* est pronom relatif, on emploie l's euphonique, mais que si *en*, est préposition, on n'en fait pas usage ; on dit : *donnes-en,— va en ville.*

J. Mais quel est le moyen, pour nous, de distinguer *en* pronom, de *en* préposition ? nous qui ne connaissons pas encore les prépositions ?

Le M. *En* pronom signifie *de cela*, tandis que *en* préposition peut se remplacer par *dans* suivi de l'article : *Vas-en chercher,* va chercher de cela. — *Va en ville,* va dans la ville.

J. Ce qui veut dire que *en* est préposition quand il n'est pas pronom.

L. M. C'est bien cela. — Séance terminée.

VINGT-SEPTIÈME LEÇON.

Observations sur les Verbes de la deuxième et les Verbes de la troisième conjugaison.

QUESTIONNAIRE :

Que remarque-t-on sur le verbe haïr ?

Que remarque-t-on sur le participe passé béni ?

Que remarque-t-on sur le verbe fleurir ?

Que remarque-t-on sur devoir, redevoir et mouvoir ?

Que remarque-t-on sur boire et croire ?

NOTA. Les Exercices orthographiques donnant lieu à des explications très-développées sur cette leçon, dispensent d'y ajouter un Dialogue.

VINGT-HUITIÈME LEÇON.

Observations sur les Verbes de la quatrième conjugaison.

QUESTIONNAIRE:

Que remarque-t-on sur les verbes en *dre* ?

Que remarque-t-on sur les verbes en *aindre*, *eindre* ou *oindre* ?

Que remarque-t-on sur les verbes en *andre* ?

Que remarque-t-on sur les verbes en *aître* ?

Comment distingue-t-on les verbes en *ire* des verbes en *ir* ?

Nota. Les explications à faire aux numéros des Exercices orthographiques relatifs à cette leçon, remplacent le Dialogue.

VINGT-NEUVIÈME LEÇON.

Observations générales sur l'Orthographe des Verbes.

QUESTIONNAIRE:

Comment se terminent les trois personnes du singulier de tous les temps ? — Les trois personnes plurielles ?

Que remarque-t-on sur la deuxième personne du singulier de l'impératif?

Dans quels temps emploie-t-on l'accent circonflexe?

Quand l'*e* muet final dans un verbe se change-t-il en *é* fermé ?

Peut-on dire *sens-je*? *dors-je* ? *mens-je*? *tors-je*?

Comment distingue-t-on *aimé-je*? *parlé-je* ? de *aimai-je*? *parlai-je*?

Comment distingue-t-on les personnes plurielles *criions*, *voyions* ? de *crions*, *voyons* ?

Comment distingue-t-on *je contrarierai* de je *contrarierais* ?

Que remarque-t-on sur l'orthographe d'un verbe placé à la suite d'un autre verbe ou d'une préposition?

TRENTIÈME LEÇON.

Du Sujet et du Régime des Verbes.

QUESTIONNAIRE:

Qu'appelle-t-on sujet du verbe?

Comment trouve-t-on le sujet du verbe ?

Qu'appelle-t-on régime du verbe?

Combien y a-t-il de sortes de régimes ?

5

Qu'est-ce que le régime direct ? Qu'est-ce que le régime indirect ?
Comment le trouve-t-on ? Comment le trouve-t-on ?

Dialogue :

J. Un verbe à quelque temps qu'il soit, a-t-il toujours un sujet ?

Le M. Oui, M. E., toujours ; car un verbe exprime toujours une idée qui s'attribue nécessairement à quelqu'un ou à quelque chose.

J. Cependant mes grammaires, que j'ai consultées, disent toutes que les infinitifs et les participes présents n'ont pas de sujets.

Le M. Revenons au principe : Qu'est-ce qu'un sujet de verbe ?

J. Un sujet de verbe, c'est la personne ou la chose à laquelle s'attribue le verbe.

Le M. Or, quand je dis : *J'ai vu cette personne traverser la rue ;* dites-moi qui est-ce qui faisait l'action de traverser ?

J. C'était *cette personne.*

Le M. Vous voyez donc bien qu'un infinitif a un sujet comme un autre temps. On peut prouver de la même manière que le participe présent a également un sujet.

J. Les sujets des temps du mode infinitif se trouvent sans doute comme les sujets des autres temps ?

Le M. Absolument de la même manière ; mais ce que ces temps ont de particulier, c'est que leurs sujets ne s'expriment pas nécessairement comme aux autres temps, et que très-souvent ils n'existent que dans la pensée de celui qui parle et de celui qui écoute.

J. Quels sont les cas particuliers où un infinitif et un participe présent n'ont pas de sujet ?

Le M. C'est quand ils sont employés eux-mêmes comme sujets ou comme régimes.

J. Veuillez nous donner un exemple où un infinitif soit employé comme sujet ou comme régime.

Le M. Voici : *J'ai entendu crier, — mentir est un défaut, — chantant est un participe présent. Crier* est le régime de *entendu, mentir* est le sujet de *est, chantant* est sujet de *est.* — En appliquant à *crier, mentir, chantant* la question ordinaire : *qui est-ce qui ?* on n'a pas de réponse ; ce qui prouve que ces verbes n'ont pas de sujet exprimé.

J. Voilà une question résolue.

Le M. Alors on peut passer à une autre ?

J. Oui , M. Voyons *Régime* , s'il vous plaît ; notre grammaire dit que l'on appelle *régime* le mot qui dépend d'un verbe et qui lui est nécessaire pour en déterminer l'idée. Or, dans mes autres grammaires ce mot auquel on assigne un rôle semblable s'appelle *complément*. — Lequel des deux termes est préférable ?

Le M. Sur cette question , les grammairiens sont divisés en deux camps égaux.

J. Alors l'examen en sera plus intéressant.

Le M. La question se réduit donc à bien fixer, à bien déterminer les deux termes.

J. Voyons d'abord le mot régime.

Le M. *Régime*, d'après l'Académie, veut dire, *mot régi*, *mot dépendant* immédiatement d'un autre mot, — verbe ou préposition, — et nécessaire pour déterminer l'idée, c'est-à-dire, en marquer le terme ou la portée. C'est donc une idée nécessaire pour déterminer une autre idée ; si je dis *j'aime mon père ;* l'idée exprimée par père détermine celle du mot *aime* ; c'est donc l'idée nécessaire ou le régime.

J. Je comprends ; voyons, s'il vous plaît , le mot *complément.*

Le M. Ici, M. E. , je ne puis plus vous citer l'Académie, parce que l'Académie ne donne pas une explication assez précise ; elle explique *complément* par *régime*, comme à la fin de son article *régime* , elle avait expliqué *régime* par *complément*. Je crois donc mieux de vous citer une des grammaires dominantes : « *Le complément du verbe est le mot qui com- complète, qui achève d'exprimer l'idée commencée par un verbe.* »

J. D'où il résulte que le complément est une idée qui complète une autre idée.

Le M. Comme vous le voyez , le mot complément et le mot régime signifient absolument la même chose

J. C'est ce que je ne vois pas du tout.

Le M. Comment cela ? Expliquez votre pensée.

J. Je conçois qu'un mot soit sous la dépendance d'un autre mot, qu'une idée soit ajoutée à une autre idée, pour la modifier ; mais je ne comprends pas qu'un mot ne soit ou ne puisse être qu'un commencement d'idée, qu'une partie d'idée à laquelle il faille ajouter une autre idée ou un autre mot pour avoir une idée réelle ou complète.

Le M. Je vous comprends ; vous avez retenu parfaitement ce que nous avons dit du mot idée dans notre premier dialogue.

J. Si les mots sont les signes de nos idées, *dans il aime Dieu*, *il* signale l'idée d'une personne, *aime* signale l'idée d'un sentiment, et enfin *Dieu* signale l'idée d'un être souverain ; ce sont bien là trois idées distinctes et complètes.

Le M. D'où vous concluez que...

J. Que le mot complément est un terme impropre et qu'il vaut mieux employer le mot régime. Je comprends parfaitement ce qu'on appelle régime direct et régime indirect ; mais pour ce qui est des compléments ou idées complétant des choses complètes en soi, cela me semble un peu drôle.

Le M. Je ne vois pas, moi, pourquoi vous n'admettez pas qu'un verbe puisse être complété par un complément direct, puis complété encore par un complément indirect, puis enfin recomplété une troisième et une quatrième fois par d'autres compléments. Vous ne faites pas attention... A quoi pensez-vous ? Vous avez l'air d'écouter l'homme qui parle dans la rue.

J. C'est vrai, M. ; je vous en demande pardon. Cet homme qui parle dans la rue, c'est le père Jacques : il a fait le grammairien aujourd'hui.

Le M. Comment cela ?

J. C'est qu'il a multiplié *indéfiniment* les compléments et les surcompléments, et qu'il plaide maintenant pour qu'on ajoute *indéfiniment des compléments* à l'élargissement de la rue. Il plaide ainsi tous les lundis.

Le M. Très-bien !

J. Voulez-vous, M., que je formule la conclusion.

Le M. Voyons ce que vous voulez dire ?

J. Je veux dire que le mot complément ne nous plaît pas et

que nous aimons beaucoup mieux conserver le... *régime* de notre grammaire.

.Le M. Je vous approuve. —Séance terminée.

TRENTE-UNIÈME LEÇON.

Accord du Verbe avec son Sujet.

QUESTIONNAIRE :

Comment s'accorde le verbe ?

Comment s'accorde le verbe qui a plusieurs sujets singuliers ?

Comment s'accorde le verbe en rapport avec l'antécédent de *qui* ?

Comment s'accorde le verbe dont les sujets sont liés par *ou* ?

Quel est l'accord du verbe dont les sujets sont liés par *ni* ?

Quel est l'accord du verbe qui a plusieurs infinitifs pour sujet ?

Quel est l'accord du verbe qui a pour sujet *la plupart* ?

Quel est l'accord du verbe *être* précédé de *ce* ?

DIALOGUE :

Le M. Eh bien ! Jules, vous avez sans doute préparé de la matière ?

J. Autant que je l'ai pu, M., j'ai mis toutes mes grammaires à contribution : Je me sens bien disposé à vous créer des difficultés.

Le M. Un peu d'opposition donne de la vie à l'entretien. « C'est du choc des idées que jaillit la lumière. »

J. Je puis donc vous attaquer sans crainte de vous blesser ?

Le M. Hardiment ; en mettant toujours dans nos entretiens le ton convenable, nous ne pouvons avoir que des discussions agréables.

J. D'abord, M., je trouve que notre grammaire, en voulant toujours au singulier le verbe en rapport avec deux noms singuliers liés par *ou*, n'est pas très-raisonnable. Cette règle est contredite par plusieurs grammaires qui admettent aussi quelquefois le pluriel.

Le M. Je le sais ; mais les grammaires dont vous parlez, déterminent-elles bien les cas où le pluriel puisse avoir lieu?

J. Non, Monsieur.

Le M. Voulez-vous en savoir la raison ?

J. Mais, très-volontiers.

Le M. C'est parce que les grammairiens n'ont pu trouver assez de faits dans les auteurs pour établir une exception régulière en faveur du pluriel. Ils n'ont trouvé que des cas très rares, isolés et sans analogie.

J. Ce pourrait bien être.

Le M. Raisonnons un exemple. Quand je dis : *Paul ou Louis a cassé un carreau de vitre.* À votre avis, qui a cassé le carreau ? Sont-ce tous les deux ?

J. Évidemment non. C'est l'un des deux, et non tous les deux.

Le M. Vous voyez donc bien que le mot *ou* exclut l'un des agents, et que le verbe ne doit s'accorder qu'avec un seul.

J. Cela me paraît clair ; cependant je ne me tiens pas encore pour battu. L'une de mes grammaires cite cette phrase d'après l'Académie : « La peur ou la misère lui *a fait* ou lui *ont fait* commettre bien des fautes. »

Le M. Puisque vous me citez l'Académie, autorité que je ne puis condamner, ni même contester, je vais vous la citer à l'endroit même où votre grammaire a puisé sa phrase. L'Académie, dans l'alinéa dont il s'agit ici, emploie trois fois le singulier. Or, dans sa quatrième citation elle emploie également le singulier et le pluriel. Ne doit-on pas raisonnablement conclure que le singulier est préférable ?

J. J'admets la préférence, d'autant plus que je ne pourrais jamais distinguer les cas où le pluriel pourrait figurer aussi bien que le singulier. Et puis j'ai une grande répugnance pour les *quelquefois* ou les *tantôt* qu'on place dans les règles.— Maintenant, d'où vient que, lorsque les deux sujets, quoique singuliers, sont de différentes personnes, on mette le verbe au pluriel ?

Le M. Ici, plus de querelle. Toutes les grammaires sont unanimes. Cette règle est en effet du génie de la langue. La difficulté de mettre le verbe à l'une plutôt qu'à l'autre personne, a fait adopter le pluriel. Or, comme il est aussi dans le génie de la langue de donner à la seconde personne la priorité sur la troisième, et à la première, la priorité sur les deux autres, les grammairiens ont dû formuler la règle telle qu'elle vous est donnée.

J. Autre difficulté. Notre grammaire dit que si le mot *ni* lie les sujets singuliers, le verbe se met au singulier ou au pluriel ; tandis que presque toutes les autres grammaires adoptent invariablement le pluriel, à moins, comme le dit aussi notre grammaire, que l'action ne puisse être faite que par un seul des deux sujets. Veuillez nous expliquer ce désaccord et nous dire ce que nous devons faire ?

Le M. Ce que vous devez faire, c'est de suivre votre grammaire. Voici l'explication que je puis vous donner : L'Académie admet les deux nombres, et partant, elle ne condamne pas le singulier ; — j'entends dans le cas où les deux sujets peuvent faire l'action du verbe, car si l'action ne peut être faite que par un seul sujet, il faut absolument le singulier. — Remarquez que presque toujours *ni l'un ni l'autre* signifie *aucun des deux*, et que si l'on écrivait aucun des deux, le verbe se mettrait nécessairement au singulier. Maintenant en employant toujours le singulier vous avez l'avantage de suivre une règle générale, et vous êtes dispensés d'une réflexion qui pourrait ralentir l'expression de votre pensée.

J. Avant de clore cet entretien, j'ai encore une chose à vous demander.

L. M. Laquelle ?

J. Nous corrigeons bien nos Exercices, car là nous voyons nos phrases : mais si c'étaient des phrases dictées, je crois fort que nous serions très-embarrassés. Nous désirons donc savoir quand nous commencerons à faire des dictées ?

Le M. Vous prévenez ma pensée ; mon intention était de vous dire aujourd'hui même, qu'à partir de demain, vous aurez tous les jours une dictée après la correction de votre Exercice. Je prépare la matière. J'ai commencé un recueil de dictées très-intéressantes, très-instructives et coordonnées dans l'ordre des difficultés de votre grammaire.

J. Ainsi à partir d'aujourd'hui nous aurons tous les jours une dictée en plus de notre Exercice. Ce sera une excellente doublure.

Le M. Comme nous ne corrigerons la dictée que dans l'après-midi, vous aurez le temps de la bien examiner.

J. Aussi nous vous promettons toute notre attention.

Le M. Séance terminée.

TRENTE-DEUXIÈME LEÇON.

Analyse grammaticale du Verbe, de son Sujet et de son Régime direct.

QUESTIONNAIRE :

Comment analyse-t-on un Verbe? Pourquoi en dit-on le Sujet? Pourquoi en dit-on le Régime? Pourquoi n'en dit-on pas le Mode? En analysant un nom ou un pronom, doit-on dire s'il est sujet ou régime?

Pourquoi les *qui* et les *que* placés après les noms ne sont-ils pas dits sujets ou régimes? Quand est-ce que qui, *que, lequel, laquelle,* sont dits sujets ou régimes?

DIALOGUE :

Le M. Avant toute explication ou toute discussion, il importe que je vous présente un modèle d'analyse.

J. Alors nous aurons l'avantage d'avoir les pièces en mains et par conséquent d'y voir plus clair.

Le M. Voici le texte : *Les bonnes actions que raconte une mère à ses enfants les forment à la vertu. Je me rappelle encore toutes celles que me récitait ma bonne grand'mère. Je n'oublierai jamais les impressions que j'en reçus.*

LES	art. fém. plur.
BONNES	adj. qual. fém. plur. s'accordant avec *actions.*
ACTIONS	n. com. fém. plur.
QUE	pron. rel. déterminant *actions.*
RACONTE	v. act. à l'ind. présent; 3e pers. du sing. 1re conj. son sujet est *mère*, son rég. dir. est *actions.*
UNE	art. fém. sing.
MÈRE	n. com. fém. sing.
A	mot invariable.
SES	adj. poss. masc. plur.
ENFANTS	n. com. masc. plur.
LES	pron. pers. masc. plur. représentant *enfants.*
FORMENT	v. act. à l'ind. prés. 3e pers. du plur. son sujet est *actions*, son régime dir. est *les* pour *enfants.*
A	mot invariable.
LA	art. fém. sing.
VERTU.	n. com. fém. sing.
JE	pron. pers. masc. 1re pers. masc. sing.
ME	pron. pers. masc. 1re pers. masc. sing.
JE ME RAPPELLE	v. pron. à l'ind. prés. 1re pers. sing. 1re conj. son sujet est *je*, son rég. direct est *celles* pour actions.

ENCORE	mot invariable.
TOUTES	adj. ind. fém. plur s'accordant avec *actions*.
CELLES	pron. dém. fém. plur. représentant *actions*.
QUE	pron. rel. déterminant *celles* pour *actions*.
ME	pron. pers. masc. sing. 1re personne pour *à moi*.
RÉCITAIT	v. actif à l'imp. de l'ind. 3e pers. du sing. 1re conj. son sujet est *grand'mère*, son rég. dir. est *celles* pour *actions*.
MA	adj. poss. fém. sing.
BONNE	adj. qual. fém. sing. s'accordant avec *grand'mère*.
GRAND'MÈRE.	n. com. fém. sing.
JE	pron. pers. 1re pers. masc. sing.
N'	mot invariable.
OUBLIERAI	v. act. au futur simple, 1re pers. sing. 1re conj. son sujet est *je*, son rég. dir. est *impressions*.
JAMAIS	mot invariable.
LES	art. fém. plur.
IMPRESSIONS	n. com. fém. plur.
QUE	pron. rel. déterminant *impressions*.
J'	pron. pers. 1re pers. masc. sing.
EN	pron. rel. signifiant de ces *actions*.
REÇUS.	v. act. au passé défini, 1re pers. du sing. 3e conj. son sujet est *je*, son rég. dir. est *impressions*.

J. Pourquoi dans ce modèle d'analyse notre grammaire ne dit-elle pas comme les autres aux noms ou aux pronoms, *sujet ou régime de tel ou tel verbe ?*

Le M. Pour trois raisons que vous apprécierez : 1° Parce que le rôle d'un nom ou d'un pronom n'exerce aucune influence sur son orthographe ; 2° parce que, obliger un élève de dire à un nom ou à un pronom, sujet ou régime d'un verbe qui n'est pas exprimé, c'est envoyer son esprit à la recherche d'une idée inconnue, recherche dans laquelle il pourra s'égarer, car le verbe à trouver peut être le deuxième ou le troisième tout aussi bien que celui qui est le plus proche ; 3° parce que la règle d'accord du verbe avec son sujet, va du verbe au sujet et non du sujet au verbe ; et que celle du participe, comme vous le verrez, va du participe au régime, et non du régime au participe.

J. Je ne comprends pas.

Le M. Vous allez comprendre. Le sujet s'accorde-t-il avec le verbe, ou le verbe avec le sujet ?

J. C'est le verbe qui s'accorde avec le sujet.

Le M. Vous voyez bien qu'en exprimant votre règle, vous signalez d'abord le verbe, et que de lui, vous allez au sujet : —

donc la règle va du verbe au sujet. — Maintenant ce que je vous dis du sujet, je vous le dirai également du régime, alors que nous serons aux participes.

J. Mais, M., quand le sujet ou le régime est après le verbe, on n'a pas à rechercher une idée inconnue, puisque le verbe étant analysé, on en a déjà dit le sujet et le régime.

Le M. Alors, puisqu'on a dit au verbe : Son sujet est tel nom ou tel pronom, et son régime est tel nom ou tel pronom, c'est une répétition inutile.

J. Ces raisons me semblent très-concluantes. Pourtant on m'a dit que dans toutes les pensions on forçait les élèves à assigner un rôle à chaque mot.

Le M. Cela est vrai ; mais c'est un grand tort, parce que les mots ne s'écrivent pas de telle ou telle manière, en conséquence de tel ou tel rôle ou de telle ou telle fonction, mais parce qu'ils sont de telle ou telle espèce, ou ont telle ou telle propriété.

J. Maintenant, M., quel avantage y a-t-il pour nous à ne pas dire, comme on le fait d'après les autres grammaires : *Son sujet est* QUI *pour tel nom,* — *son régime est* QUE *pour tel nom ?*

Le M. Cela a besoin d'être expliqué au moyen de phrases. — *La maison qui croule.* — Si je vous demande : *Qui est-ce qui croule ?* vous me répondrez tout naturellement : *la maison.* — *La maison qu'on a démolie : Qu'a-t-on démoli ?* vous me répondrez nécessairement : *la maison.* Remarquez que si vous me répondiez QUI *pour laquelle maison,* QUE *pour laquelle maison,* vous emploieriez quatre mots pour rendre une idée qui l'est plus clairement en un seul.

J. D'où l'on doit conclure que le mot *qui* ne peut jamais être sujet et que le mot *que* ne peut jamais être régime.

Le M. Je ne dis pas cela du tout : je dis seulement que *qui* ne doit pas être regardé comme sujet, ni *que* comme régime dans les phrases semblables à celles que je viens de vous donner pour modèles.

J. Alors il est donc des cas où *qui* peut être sujet, et *que,* régime ?

Le M. Certainement Voici des phrases qui le prouvent : Qui *est-là ? — Envoyez-moi* QUI *vous voudrez. Qui* est sujet dans la première phrase, et est régime dans la seconde. — QUE *dites-vous?* QUE *voulez-vous ? Je ne sais* QUE *dire, —* QUE *faire. — Que* est régime dans ces quatre phrases interrogatives

J. C'est-à-dire que, *qui*, *que* ne peut jouer le rôle de sujet ou de régime qu'autant qu'il est pronom indéfini ou pronom interrogatif? — En résumé donc, un *qui* placé après un nom ou un pronom le détermine toujours ou comme sujet ou comme régime et un *que* le détermine comme régime, mais ces mots, dans ce cas, ne sont ni sujets ni régimes?

Le M. C'est bien cela.

J. Autre question. Il me semble, M., que l'énonciation du régime indirect n'est pas aussi inutile que notre grammaire porte à le croire; car en énonçant dans l'analyse le régime indirect, on s'assure qu'on ne le confondra pas avec le régime direct; ainsi : *Me, te, se, nous, vous,* qui s'emploient, et comme régimes directs, et comme régimes indirects, pourraient être confondus, et produire de faux accords.

Le M. Cette difficulté, M. E., n'est qu'apparente; car comme chacun des régimes du verbe se trouve au moyen d'une question particulière et différente; en posant toujours bien votre question, vous obtiendrez nécessairement le régime demandé : jamais la question du régime direct n'amènera un régime indirect.

J. En résumé, M., en quoi notre analyse diffère-t-elle de celle des autres grammaires ?

Le M. Elle en diffère en plusieurs points : 1° elle vous dispense d'assigner un rôle à chaque mot, ce qui est une cause d'obscurité telle que le grammairien, le plus grammairien, s'y embrouille et s'y perd lui-même, à cause de la diversité et de la multiplicité infinie des rôles que peut jouer un mot quelle que soit son espèce; 2° elle est débarrassée d'une foule de détails oiseux, insipides, bizarres et souvent énigmatiques qu'on a depuis longtemps introduits dans l'analyse grammaticale ; 3° elle fait gagner un temps immense. — Voulez-vous que je vous raconte une petite anecdote, pour vous convaincre que c'est déraisonnable de dire *qui* sujet, *que* régime direct?

J. Mais, avec plaisir.

Le M. Un maître expliquait un jour les sujets et les régimes à ses élèves. Après s'être longtemps ingénié et fatigué à leur enseigner que ce n'étaient pas les noms placés avant *qui* ou *que*, —qui étaient sujets ou régimes, mais les mots *qui* ou *que*, il fait à chacun d'eux les questions obligées : *Qui est-ce qui ?* ou *qui est-ce que ?* Les malheureux élèves qui n'avaient que des idées très-simples et très-naturelles, au lieu de répondre comme le voulait le maître, d'après sa grammaire, c'est *qui* ou c'est *que*, répondaient toujours, c'est *telle personne* ou *telle chose*. À la sixième interrogation, recevant encore les mêmes réponses, il perd patience et donne un soufflet à l'élève qui l'avait faite. Cet argument très-frappant eut son effet, et les élèves de dire tous : *C'est qui, c'est que ;* et si bien qu'ils le disaient, lors même qu'il n'y avait ni *qui* ni *que* dans les phrases. Quelques jours après cette violente leçon, l'élève qui avait reçu le soufflet, fut apostrophé dans la cour par le maître. —Pourquoi bats-tu Jules?—M., c'est pour lui faire rendre la balle qu'il a prise à mon frère? — Comment cela, il a pris quoi?—Il a pris *que*, Monsieur ?—Vlan !—dis-donc la chose, impertinent?—Et le pauvre élève s'en alla en disant: Que maudite soit la grammaire ! Dans la classe, je suis souffleté parce que je dis *telle personne* ou *telle chose* au lieu de dire *qui* ou *que*, et dans la cour je le suis parce que je dis *que* au lieu de dire la chose. Décidément, il n'y a plus moyen de se faire entendre quand on veut parler comme sa grammaire. — Voilà, M. E., où conduit un enseignement qui s'éloigne de la route naturelle.

Séance terminée.

TRENTE-TROISIÈME LEÇON.

DU PARTICIPE.

QUESTIONNAIRE :

Qu'est-ce que le Participe ?
Combien y a-t-il de sortes de participes ?

Quelle est la régle du participe présent ?
Comment distingue-t-on le participe présent de l'adj. verbal ?

DIALOGUE :

J. Je trouve, M., dans mes grammaires, une bien grande difficulté pour distinguer l'adjectif verbal du participe présent. Le moyen donné contient tant de cas particuliers qu'après avoir lu et relu toutes les observations de mes grammaires, je me trouve plus embarrassé que jamais.

Le M. Cela ne m'étonne pas du tout. C'est une question tellement controversée qu'elle est devenue d'une obscurité désespérante.

J. Pourquoi donc est-on si peu d'accord sur une chose qui paraît si simple d'après notre grammaire ?

Le M. C'est que les grammairiens ont voulu baser leur distinction sur des accords extraits des auteurs anciens; or, comme ces accords se trouvent souvent en contradiction, il en résulte que le moyen donné manque de base solide.

J. Le moyen que donne notre grammaire suffit-il dans tous les cas ?

Le M. Oui, M. E., il suffit. Ce moyen est le plus clair, le plus vrai que l'on puisse donner : Ainsi, si le mot en *ant* est le signe d'une qualité, d'une situation, d'un état, il est adjectif, sinon c'est un participe présent. Les auteurs actuels suivent invariablement ce principe.

J. Je remarque, M., que vous ajoutez au mot *qualité*, situation, état; voilà quelque chose de plus que dans notre grammaire ?

Le M. Je crois ce petit complément indispensable; vous devez comprendre que *la situation, l'état* emportent l'idée d'adjectif.

J. N'y a-t-il aucun moyen pratique qui facilite l'application de la règle ?

Le M. Un seul, c'est de voir si le mot en *ant* peut se tourner par *qui est ? qui sont ?*

J. Cela, M., a besoin d'une petite série de phrases par accord et sans accord.

Le M. Très-volontiers. Voici, on écrira :

AVEC ACCORD :	SANS ACCORD :
La mer toujours mugissante nous étourdissait.	La mer mugisant toujours nous étourdissait.
Il y a des gens médisants par inclination.	Il y a des gens médisant pour le plaisir de le faire.
J'ai laissé ces enfants brillants de santé.	J'ai vu ces enfants brillant dans leur classe.
On a trouvé des animaux vivants dans des pierres.	On a trouvé des animaux vivant sans air.

Vous remarquerez, M. E., que dans la première colonne, les mots en *ant* peuvent être tournés par *qui sont*, et que dans la seconde, ils expriment une action.

J. Je comprends bien tout cela maintenant; mais je désirerais un cas encore plus embarrassant, c'est-à-dire, un cas où l'on pût mettre aussi bien l'un que l'autre?

Le M. Vous voulez me pousser à bout. Pourtant je tiens à vous satisfaire. Voici : on dira également : *Je les ai laissés mourants de faim, expirants de misère*; ou *je les ai laissés mourant de faim, expirant de misère*.

J. Enfin, je suis convaincu. Dans la première phrase on veut dire qu'ils étaient mourants, expirants; dans la deuxième on veut dire qu'ils mouraient, expiraient.

Le M. La séance est levée.

TRENTE-QUATRIÈME LEÇON.

Règles du Participe passé

QUESTIONNAIRE :

Dites la règle du participe passé employé sans auxiliaire.

Dites la règle du participe passé accompagné de l'auxiliaire être.

Dites la règle du participe passé accompag. de l'auxiliaire avoir.

Dites la règle du participe passé des verbes pronominaux.

Dites la règle du participe passé des verbes essentiellement pronominaux.

Dites la règle du participe passé précédé de deux régimes unis par *ou*.

Dites la règle du participe passé suivi d'un infinitif.

Dites la règle du participe *fait* suivi d'un infinitif.

Dites la règle du participe passé d'un verbe unipersonnel.

Dites la règle du participe qui n'a pour régime que le mot *en*.

Dites la règle d'un verbe neutre employé comme verbe actif.

DIALOGUE :

J. Pourquoi, M., le participe passé accompagné de l'auxiliaire avoir s'accorde-t-il quand il est après son régime direct, et est-il invariable quand il est placé avant?

Le M. Quand le régime est avant le participe, l'idée du régime est connue alors qu'on écrit le participe, et pour signaler cette idée, on l'imprime à l'orthographe du participe; tandis que quand le régime est après le participe, l'idée en est encore inconnue en écrivant le participe, et par conséquent, on ne peut l'indiquer par l'orthographe du participe.

J. Cela se comprend facilement. Maintenant, il nous reste à examiner certaines difficultés particulières. Je vous demanderai d'abord pourquoi le participe passé des verbes pronominaux essentiels s'accorde toujours avec le deuxième pronom ?

Le M, C'est que l'accord du participe passé des verbes essentiellement pronominaux est un accord de convention établi et consacré par l'usage qui l'a assimilé à la règle des participes des verbes passifs.

J. Presque toutes les grammaires disent : Le participe passé suivi d'un infinitif s'accorde avec le régime qui précède les deux verbes, lorsque l'infinitif peut se changer en participe présent. Pourquoi notre grammaire ne donne-t-elle pas cette même règle ?

Le M. Pourriez-vous me dire quand est-ce que l'infinitif peut se tourner par un participe présent ?

J. Mais, c'est quand il exprime une action du régime qui précède les deux verbes.

Le M. Alors vous voyez donc bien que vous me donnez la règle même de votre grammaire ?

J. C'est vrai.

Le M. Voudriez-vous appliquer la règle de vos grammaires aux phrases suivantes : « *Voilà la servante que j'ai envoyé chercher. — Voilà la servante que j'ai envoyée chercher mon pot-au-feu ?*

J. D'après la règle de mes grammaires, *envoyé* doit être invariable dans l'une et l'autre phrase, puisque *chercher* ne se peut tourner par *cherchant*.

Le M. Or, puisqu'il faut *envoyé* dans la première phrase, et *envoyée* dans la seconde, donc la règle de vos grammaires est mauvaise.

J. C'est très-juste.

Le M. N'avez-vous pas remarqué que les grammairiens appellent moyen mécanique cette règle qu'ils donnent dans leurs grammaires raisonnées ?

J. Pardon, M., cela même m'a paru un peu frappant; une règle mécanique dans une grammaire raisonnée.

Le M. Comprenez-vous la conséquence qu'on en peut tirer?

J. Non, M.

Le M. C'est que les auteurs de vos grammaires. croient que l'esprit des élèves est un peu mécanique.

J. Cela n'est pas très-flatteur. Mais nous pourrions bien dire, nous, à ces Messieurs, qu'ils pourraient fort bien se dispenser de faire des règles à la mécanique dans leurs grammaires raisonnées.

Le M. Qu'avez-vous remarqué sur le participe *fait* suivi d'un infinitif?

J. J'ai remarqué que les grammairiens ne donnent pas la même raison que la nôtre pour justifier l'invariabilité de ce participe. Ils disent pour prouver cette invariabilité, que *fait*, avec l'infinitif ne forme qu'une seule idée.

Le M. Deux verbes ne formant qu'une seule idée n'est pas une chose admissible, et la preuve, c'est que si l'on fait sur le participe *fait* la question ordinaire *quoi?* on aura pour réponse l'infinitif. Or, puisque l'une des idées répond à une question faite sur l'autre, il y a donc deux idées.

J. C'est très-clair. Aussi nous nous en tenons à la raison de notre grammaire.

Le M. Avez-vous à faire quelque observation sur le participe passé qui a pour régime direct le mot *en*?

J. Une très-sérieuse. Comment se fait-il que notre grammaire admette le mot *en* comme régime direct, tandis que toutes les autres n'admettent *en* que comme régime indirect?

Le M. Pour résoudre cette question, il faut revenir clairement au principe : Qu'est-ce qu'un régime direct?

J. Un régime direct est l'idée qui vient en réponse à la question *qu'est-ce que?* ou *quoi?*

Le M. Quand on dit, en parlant de quelque chose : *J'en ai*, *j'en veux*, *j'en prendrai*, *j'en ai reçu;* en faisant sur *ai*, *veux*, *prendrai*, *ai reçu* la question, *qu'est-ce que* ou *quoi?* la réponse sera nécessairement *en*, représentant *ce dont on parle*. Or, puisque *en* représente l'idée appelée par la question du régime direct, donc *en* est régime direct.

J. Pourquoi donc alors, quand il s'agit d'objets pluriels ou féminins, le participe reste-t-il invariable ?

Le M. C'est parce que ce n'est pas le nom tout seul qui vient en réponse, mais une idée composée de plusieurs mots dont l'ensemble est *des choses ou de la chose dont on parle*. Or, puisque *en* représente un ensemble de mots, il est du masculin singulier comme cet ensemble de mots lui-même ; et c'est la raison de l'inviolabilité du participe.

J. Cela me paraît assez clair ; le mot *en* représente, non pas un nom pris isolément, mais un ensemble de mots.—Maintenant je vous demanderai pourquoi toutes mes grammaires disent que *en* est toujours régime indirect ?

Le M. C'est à cause, sans doute, de la préposition *de* qu'on semble entendre dans ce mot.

J. C'est ce que je croyais voir.

Le M. C'est une erreur de croire que l'emploi d'une préposition indique toujours un régime indirect. Ce qui constitue un régime indirect c'est qu'il est une réponse à la question *de qui ? à qui ? pour qui ?*

J. Puisqu'il y a des régimes directs avec des prépositions, voudriez-vous avoir la bonté de nous en donner ?

Le M. Quand je dis : *J'ai à vous parler,—j'aime à entendre une belle musique,—je veux de l'argent,—nous avons lu de belles histoires* : *à vous parler, à entendre, de l'argent, de belles histoires,* sont autant de régimes directs composés avec une préposition, puisque ces mots répondent à la question *qu'est-ce que ? ou quoi ?*

J. Maintenant, M., je comprends que le mot *en* ne fasse pas varier le participe ; mais pourquoi alors dans la phrase suivante : *Les services que j'en ai reçus* (je parle d'une personne obligeante), le participe s'accorde-t-il ?

Le M. Votre question est peu réfléchie ; vos idées sont brouillées. Comment ! vous ne voyez pas que *services* est le régime direct de *rendus*, et que *en* est un régime indirect ?

J. C'est juste ; *en* régime direct ne fait pas varier le participe, mais employé comme régime indirect, il n'empêche pas le participe de s'accorder avec le régime direct.

Le M. C'est bien cela.

J. Admettez-vous, M., que quand le pronom *en* est précédé de *combien*, *plus*, *autant*, et d'un nom pluriel, le participe doive varier ?

Le M. Je ne condamne pas l'accord d'une manière absolue dans ce cas, mais je vous dirai que, puisque toujours, *le non-accord* peut être admis sans conteste; il vaut mieux que vous suiviez ce principe.

J. Peut-on, M., avoir toute confiance dans la règle de notre grammaire sur les participes des verbes neutres conjugués comme verbes actifs?

Le M. Certainement; pourquoi cette question ?

J. C'est que notre grammaire, M., est en contradiction complète avec toutes celles que j'ai lues, relativement à *coûté* et *valu*.

Le M. Je le sais. Depuis longtemps les grammairiens se trouvent divisés à l'endroit des participes des verbes neutres employés comme verbes actifs. Aujourd'hui, ces Messieurs forment trois camps bien distincts. L'Académie est le drapeau du premier camp, dans lequel est votre grammaire; ce camp a dans ses rangs le *Manuel des amateurs de la langue française* et Laveaux, — le *Dictionnaire des difficultés de la langue française;* — ce parti repousse la variabilité des verbes neutres employés activement, sans pourtant en donner de raisons positives. Le deuxième camp, qui est très-nombreux, est celui de la *Grammaire des grammaires*, qui a dans ses rangs C.-C. Letellier et Chapsal, — l'ombre de Girault-Duvivier, — la grammaire des Frères, et Poitevin; ce parti admet l'accord des participes des verbes neutres employés comme verbes actifs quand ils ont un sens figuré et en repoussent l'accord dans le sens propre. Le troisième camp, à la tête duquel se trouvent Bescherelle et Houdard, veut toujours l'accord des participes des verbes neutres conjugués activement quel qu'en soit le sens, propre ou figuré.

J. S'il en est ainsi, la règle de notre grammaire est la meilleure, parce qu'elle est claire, sans exception, et conforme à l'Académie.

Le M. Savez-vous pourquoi les participes des verbes unipersonnels sont toujours invariables?

J. Non, Monsieur.

Le M. La raison est absolument la même que celle des

participes des verbes neutres employés activement, c'est-à-dire, que les participes des verbes unipersonnels ne varient pas, parce qu'ils ne peuvent se tourner par un passif.

J. J'ai remarqué, M., dans mes grammaires, une règle qui n'est pas dans la nôtre.

Le M. Quelle est cette règle ?

J. C'est une règle relative au participe passé suivi d'un adjectif qualificatif ou d'un adjectif verbal.

Le M. Ce n'est pas véritablement une règle ; c'est une simple remarque ; car le participe passé suivi d'un adjectif ou qualificatif ou verbal, doit s'accorder avec son régime conformément au numéro 70.

J. Je comprends fort bien que l'adjectif placé après le participe passé n'empêche pas celui-ci de s'accorder avec son régime ; cependant j'ai trouvé certains cas embarrassants ; ainsi dans cette phrase : *La nouvelle que j'ai cru utile de vous transmettre*...

Le M. Appliquez la question ordinaire : *j'ai cru quoi ?*—utile ou qu'il était utile de vous transmettre la nouvelle. D'où l'on voit que nouvelle n'est pas le régime direct de *cru*.

J. J'ai besoin de vous demander encore quelques explications sur *cru*. Doit-on écrire également et avec accord : *L'histoire que j'ai crue vraie ; — la maison que j'ai crue vendue : — la personne que j'ai crue véridique ; — les arbres que j'ai crus bons à planter ; — les arbres que j'ai cru bon de planter ?*

Le M. Oui, excepté la dernière, dans laquelle le participe a pour régime les mots *bon de planter.* —Le verbe *croire* par sa nature est actif parce qu'il a un passif : soit donc qu'on le tourne par le passif, soit qu'on y applique le moyen ordinaire, on peut toujours en déterminer l'accord ou le non accord.

J. Que devons-nous conclure du numéro 79 ?

Le M. Bien que d'après ce numéro, l'accord ou le non accord peut être également adopté ; je vous dirai que j'aime mieux l'accord, parce que c'est la manière d'écrire de la majorité des auteurs.

J. M., lorsque nous citerons une règle, nous faudra-t-il dire chaque fois les deux parties de cette règle ?

Le M. C'est inutile. Lorsqu'il y aura accord, vous citerez

seulement la première partie, et lorsque le participe sera invariable vous ne direz que la seconde; c'est-à-dire que vous
ne direz que la partie de la règle relative au participe. —Séance
levée.

TRENTE-CINQUIÈME LEÇON.

Mots invariables. — Adverbes. — Prépositions. — Conjonctions. — Interjections.

QUESTIONNAIRE :

Qu'appelle-t-on mots invariables?
Combien y en a-t-il de sortes ?
Qu'est-ce que l'Adverbe ?
Qu'appelle-t-on adverbes com-
posés ?
Qu'est-ce que la Préposition ?

Qu'appelle-t-on préposition com-
posée ?
Qu'est-ce que la Conjonction ?
Qu'appelle-t-on conjonction com-
posée ?
Qu'est-ce que l'Interjection ?
Qu'appelle-t-on Particules?

DIALOGUE :

J. Pourquoi, M., les grammairiens forment-ils quatre
classes de mots invariables? Il me semble que ces mots pou-
vaient être tous compris sous une seule dénomination : *Les invariables ?*

Le M. Cela aurait eu lieu, sans doute, si on ne les eût considérés que sous le rapport de l'orthographe. Mais comme on
les considère sous le rapport de leurs fonctions, et que sous
ce rapport il existe des règles particulières de construction
ou de syntaxe, on a dû en faire quatre classes.

J. Savez-vous bien, M., que tous ces mots-là se caseront
avec beaucoup de peine dans notre mémoire suivant leur classe.

Le M. Je vous attendais là. Voici un moyen sûr de les connaître : Je ne vous donnerai pas de dictée aujourd'hui; vous
remplacerez ce devoir par un tableau des mots invariables dans
l'ordre des espèces, c'est-à-dire les adverbes d'abord, puis les
prépositions, les conjonctions et enfin les interjections.

J. Où pourrons-nous trouver notre matière ?

Le M. Dans les grammaires que vous pourrez vous procurer.

J. Voilà un travail qui n'ira pas tout seul ; mais enfin nous
le ferons de notre mieux.

Le M. Je ne demande rien de plus. Quand vous aurez fait vos trois tableaux, je les corrigerai en y ajoutant les mots oubliés; puis vous les mettrez au net, et vous les apprendrez par cœur autant que possible.

J. Pourquoi notre grammaire ne divise-t-elle pas les adverbes en six sortes comme les autres grammaires?

Le M. Parce que sur ces distinctions ne repose aucune règle.

J. Mais ces distinctions facilitent peut-être le moyen d'apprendre ces mots?

. Le M. Cela ne peut être; car remarquez bien que la division en six sortes, surchargerait votre leçon de six définitions.

J. C'est juste.

Le M. Vous saurez que quelques grammairiens ont autrefois formé aussi sept sortes de conjonctions qu'ils appelaient *copulatives*, *disjonctives*, *causatives*, *adversatives*, *conditionnelles*, *circonstancielles* et *explicatives*.

J. Ce qui donnerait comme aux adverbes sept définitions à apprendre.

Le M. Je dois vous dire, qu'outre le défaut d'être inutiles et de charger vos leçons, ces divisions auraient l'inconvénient de classer les mots d'une manière inexacte, car souvent certains mots figureraient fort bien dans d'autres classes que celles où on les placerait, ce qui rendrait l'analyse plus difficile.

J. Les mots invariables sont-ils divisés, dans notre grammaire, d'une manière assez précise pour qu'on ne puisse pas les confondre.

Le M. Non, M. E. Il y a tels ou tels mots invariables qui peuvent figurer aussi bien dans une espèce que dans une autre.

J. Je comprends; il faut sous-entendre l'expression *en général* dans chacune des définitions des mots invariables.

Le M. C'est très-juste; ce serait une erreur de croire que la division des mots invariables en quatre classes puisse se faire d'une manière bien précise.

J. Voudriez-vous nous citer quelques mots invariables qui pussent figurer dans diverses espèces?

Le M. Je veux vous en citer trois seulement : d'abord le mot *quand* que les uns appellent adverbe (de temps) et que les autres appellent conjonction; le mot *comme* qui figure comme adverbe dans *comme il disait ces mots*, et comme conjonction dans *il travaille comme vous* ; — le mot *que* qui est adverbe dans *que de*, et conjonction dans *je veux que tu étudies*. Il y en a beaucoup d'autres ; mais cette sorte d'étude étant plutôt piquante qu'utile , je ne vous conseille pas de vous en occuper.

J. Ainsi, M. , dans notre analyse, nous ne sommes pas obligés de dire adverbe de telle ou telle sorte.

Le M. Non, du tout.

J. Devrons-nous analyser tout d'un trait les locutions adverbiales, les prépositions et les conjonctions composées, ou devrons-nous en analyser les mots séparément?

Le M. A moins que l'espèce de locution ne soit bien déterminée, il vaut mieux analyser chaque mot séparément.

J. M. , est-ce que les adverbes et les conjonctions n'ont jamais de régime.

Le M. Si , comme on doit l'admettre, on appelle régime un mot appelé par un autre mot , ou une idée par une autre idée , les adverbes et les conjonctions ainsi que tous autres mots peuvent avoir un régime.

J. Alors pourquoi la grammaire n'en parle-t-elle pas, et se borne-t-elle à faire connaître les seuls régimes des verbes , des adjectifs et des prépositions ?

Le M. Parler du régime de tous les mots ce serait parsemer le chemin d'obstacles. Votre grammaire se borne à faire connaître les régimes des verbes, des adjectifs et des prépositions parce que ce sont les seuls sur lesquels sont basées des règles ou d'orthographe ou de construction.

J. Nous avons bien vu les explications des régimes des verbes et des régimes des prépositions , mais notre grammaire ne nous a encore rien dit des régimes des adjectifs. Qu'est-ce que ces régimes ?

Le M. Les régimes des adjectifs sont les prépositions appelées par certains adjectifs : L'adjectif *utile* et l'adjectif *propre* régissent *à*, car on dit *propre à, utile à*. — L'adjectif *digne* et l'adjectif *content* régissent *de* , parce qu'on dit *digne de* , *content de*.

J. M. , doit-on signaler dans l'analyse grammaticale tous les régimes indirects des verbes, des adjectifs et des prépositions.

Le M. C'est inutile; signalez seulement le régime direct du verbe, pour faciliter l'application des règles des participes ; quant aux autres, leur étude appartient à la syntaxe.

J. Je dois vous faire remarquer, M., que notre grammaire, contrairement à toutes les autres, ne donne pas de règles sur l'orthographe absolue. Pourquoi cela ?

Le M. Si vous aviez lu avec attention les règles données par vos grammaires sur l'orthographe absolue, vous auriez compris que toutes ces règles sont incomplètes ou défectueuses. Il est peut-être impossible d'en formuler une seule qui ne soit aussitôt écrasée par une foule d'exceptions. Il vaut beaucoup mieux n'avoir pas de règles que d'en avoir de défectueuses. Après la connaissance des homonymes, il n'y a que la lecture et le dictionnaire qui puissent former à l'orthographe absolue. Ainsi, il faut lire beaucoup, et jouer beaucoup du dictionnaire. Voici maintenant, pour terminer notre leçon, un modèle d'analyse sur toutes les parties de la grammaire.

MODÈLE COMPLET D'ANALYSE GRAMMATICALE.

TEXTE. — *Les partages successifs qu'il y a eu dans la monarchie ont amené sa ruine ; elle ne s'est rétablie que lorsque le droit de progéniture se fut reconstitué. Les possessions du trône s'étaient trouvées réduites à une seule ville.*

LES	art. m. pl.
PARTAGES	nom. comm. m. pl.
SUCCESSIFS	adj. qual. m. pl. s'accordant avec *partages.*
QU'	pro. relat. déterm. déterminant *partages.*
IL Y A EU	verbe unip. au passé ind. 3ᵉ pers. du sing. 3ᵉ conj. participe invariable.
DANS	prép.
LA	art. fém. sing.
MONARCHIE	n. com. f. sing.
ONT AMENÉ	verbe act. au passé ind. 3ᵉ pers. du plur. 1ʳᵉ conj. son sujet est *partages*, son rég. dir. est *ruine* — part. invar. parce que le rég. est après le part.
SA	adj. poss. fém. sing.
RUINE :	nom com. f. sing.
ELLE	par. pers. 3ᵉ pers. f. sing. représentant *monarchie.*
S'	pro. pers. 3ᵉ pers. f. sing. représentant *monarchie.*

ELLE S'EST RÉTABLIE	verbe pro. au passé ind. 2e conj. 3e pers. du s., son sujet est *elle*, son rég. est *se* pour *monarchie*, accord du part. avec son rég.
NE	adv.
QUE ...	conjonction.
LORSQUE	conj.
LE	art. m. sing.
DROIT	nom com. m. sing.
DE	prépos.
PRIMOGÉNITURE	n. com. f. sing.
SE	pro. pers. 3e pers. m. sing. représentant *droit*.
LE DROIT SE FUT CONSTITUÉ.	verbe pro. au passé ind. 3e pers. du sing. 2e conj. son sujet est *droit;* son rég. direct est *se* pour *droit*, accord du part. avec le régime.
LES	art. fém. plur.
POSSESSIONS	n. com. f. plu.
DU	art. m. sing.
TRONE	n. com. m. sing.
S'	pro. pers. 3e pers. f. pl. représentant *possessions*.
LES POSSESSIONS S'ÉTAIENT TROUVÉES	verbe pro. plus. q. p. de l'ind. 3e pers. du pl. 1re conj. son sujet est *possessions*, son rég. dir. est *se* pour *possessions*, accord du participe.
RÉDUITES	adj. verbal fém. pl. s'accordant avec *possessions*.
A	prép.
UNE	art. fém. sing,
SEULE	adj. qual. f. sing. s'accordant avec *ville*.
VILLE.	nom. com. fém. sing.

Le M. Vous devez remarquer que dans le modèle d'analyse que nous venons de lire, les verbes unipersonnels sont analysés tout d'un trait; c'est-à-dire que *il* et *y* ne sont pas analysés séparément, ainsi que cela aurait lieu avec un autre verbe. La raison en est que *il* et *y*, et même *se*, — si le verbe unipersonnel avait une forme pronominale, — comme dans *il s'agit*, — ne signaleraient pas des idées particulières. C'est l'application du principe établi à la trente-deuxième leçon.

J. Je comprends parfaitement.

Le M. Vous avez dû remarquer encore que conformément à la trente-deuxième leçon, aux verbes pronominaux, après l'analyse du sujet et du pronom personnel, ceux-ci sont rétablis devant le verbe pour lui redonner sa véritable forme. Maintenant, aux temps composés, après avoir dit le sujet et le régime direct, il faut dire *accord* ou *non-accord* avec le participe, et souvent même la règle.

J. Pourquoi ne cite-t-on pas dans l'analyse le sujet des participes présents, et des infinitifs, puisque ces temps, comme on l'a dit, ont un sujet?

Le M. Cela ne se fait pas pour deux raisons : 1° C'est que le sujet n'exerce aucune influence orthographique sur ces deux temps ; 2° c'est que très-souvent les participes présents et les infinitifs n'ont pas de sujets apparents ou exprimés, ces sujets étant seulement dans la pensée de celui qui écrit ou de celui qui parle.

J. Ferons-nous souvent de l'analyse, Monsieur ?

Le M. Trois fois par semaine, pendant un mois ; et toujours nous analyserons les deux premières phrases de l'Exercice du jour. Ensuite vous n'en ferez plus que de loin en loin.

J. Sur quoi notre attention doit-elle le plus se porter dans nos Exercices et dans nos Dictées ?

Le M. C'est sur l'orthographe des mots soumis à des règles d'accord, comme les adjectifs qualificatifs, les *tout*, les *quelque*, les *cent*, les *mille*, etc. ; votre analyse, en exigeant l'énoncé des règles, vous les rendra familières en peu de temps.

J. Pour compléter cette leçon, si vous vouliez, M., avoir l'obligeance de nous donner un échantillon de l'analyse des autres grammaires, nous pourrions mieux juger en quoi elle diffère de la nôtre.

Le M. Volontiers, l'idée est bonne.

J. Alors reprenons la même phrase.

Le M. Voici :

LES	article simple des deux gen. masc. pl. annonce que *partages* est déterminé.
PARTAGES	subs. comm. mas. pluriel, antécédent de *que*. Sujet de *ont amené*.
SUCCESSIFS	adj. qual. mas. pl. qualifiant *partages*.
QU'	pronom relat. mas. pl. mis pour *lesquels partages*; compl. direct de *a eu*.
IL	pro. pers. indéfini mas. sing. sujet de *a eu*.
Y	pro. pers. masc. sing. compl. ind. de *a eu*.
A EU	verbe impersonnel mode ind. au pas. indéf. 3e pers. du

sing. 3ᵉ conjug.—Temps primitifs : Avoir, ayant, eu, j'ai, j'eus.

DANS   prépo. qui a pour compl. *monarchie.*

LA   art. simp. fém. sing., annonce que *monarchie* est déterminé.

MONARCHIE,   subst. comm. fém. sing. compl. de *dans.*

ONT AMENÉ   verb. transitif, mode ind. au pas. indéf, 1ʳᵉ conjugaison. Temps primitifs amener, amenant, amené, j'amène, j'amenai.

SA   adj. poss. déterminatif, fém. sing. détermine *ruine.*

RUINE ;   subst. comm. fém. sing. compl. direct de *ont amené.*

ELLE   pron. pers. fém. sing. 3ᵉ pers. sujet de *est rétablie.*

NE   adv. de négation.

S'   pron. pers. fém. sing. 3ᵉ pers. pour soi, comp. direct de *est rétablie.*

EST RÉTABLIE   verb. pron. mode ind. au pas. ind. 3ᵉ pers. du sing. 2ᵉ conj.—Temps primitifs : Se rétablir, se rétablissant, s'étant rétabli, je me rétablis, je me suis rétabli.

J. Ah ! M., quelle analyse ! quelles explications ! quels détails ! C'est à y perdre la tête.

Le M. Aussi n'en ferez-vous jamais. Je me reprocherais comme un crime d'occuper votre esprit d'un pareil travail.

J. Dieu ! quelle confusion ! des articles et des adjectifs des deux genres dépendant de substantifs qui n'ont qu'un genre, annonçant des substantifs déterminés, on ne sait par quoi ni comment ; des verbes chargés de détails sans fin... Et cette analyse si chargée, si compliquée n'expliquant aucun accord, n'indiquant aucune application des règles.

Le M. Il est de fait que ce n'est qu'un magnifique verbiage. On s'occupe du superflu et l'on néglige le nécessaire. C'est cette analyse qui inspire le dégoût de l'étude de la grammaire. Et si je vous disais que cette analyse a paru encore trop simple à certains professeurs.

J. C'est à n'y pas croire.

Le M. Voici une phrase qui a été analysée dans une réunion d'instituteurs, de trois manières différentes : « *Les hommes qu'il a fallu pour faire un pareil travail.* » L'un voulait que *hommes* fût le complément d'un verbe ou d'une préposition sous-entendue précédemment, parce que, disait-il, il n'est ni sujet ni complément de *a fallu* ; un autre disait que *hommes* et *que* ne formaient qu'une seule idée, laquelle était complément de *fallu* ; un troisième prétendait que *hommes* devait être considéré comme sujet d'un verbe dont pourrait être suivie la phrase. Et chacun des mots étaient ainsi discuté.

J. Et cela, sans doute, à grand renfort de raisonnements.

Le M. Raisonnements à perte de vue, et tellement abstraits et obscurs, qu'il a été impossible d'arriver à une conclusion en une demi-heure.

J. Et, en fin de compte, a-t-on expliqué pourquoi *fallu* est invariable?

Le M. Non; et c'était cependant la seule chose qui dût fixer l'attention. — Séance terminée.

COMPLÉMENT DE LA PREMIÈRE PARTIE.

TRENTE-SIXIÈME LEÇON.

Remarques particulières sur les Noms.

QUESTIONNAIRE :

Quand les noms propres prennent-ils la marque du pluriel? Quand restent-ils invariables? Dites la règle de l'emploi des majuscules. Quand les noms étrangers prennent-ils la marque du pluriel? Quand restent-ils invariables? Dites la règle de deux noms unis par une préposition. Dites les règles des noms composés.

DIALOGUE :

J. Notre grammaire cite-t-elle tous les cas où les noms propres, employés comme noms communs, prennent la marque du pluriel.

Le M. Non; il y a deux petites omissions : 1° Les noms propres employés pour désigner des objets d'art ou des ouvrages de littérature portant le nom de leurs auteurs doivent prendre la marque du pluriel : *des Poussins, des Raphaëls, des Pujols, des Racines, des Molières, des Virgiles, des Cicérons*, etc.;

2° le signe du pluriel ne doit jamais être appliqué aux noms propres, quand il peut produire une confusion de noms avec d'autres semblables terminés par s ou par x ; on doit écrire : *les Dupui, les Lévi, les Laveau, les Andrieu, les Villar*, parce que d'autres noms de famille s'écrivent au singulier : *Dupuis, Lévis, Laveaux, Andrieux, Villars*.

J. Au moins, maintenant cette règle est complète. Je voudrais bien que celle des noms étrangers le fût également.

Le M. Elle vous paraît donc bien défectueuse ?

J. Extraordinairement. Pourrons-nous distinguer jamais les noms des langues étrangères qu'un long usage a francisés. C'est une règle de barbe grise. Comment veut-on que nous fassions le triage des vieux et des jeunes mots, nous qui les voyons tous pour la première fois ? Nous espérons bien que vous allez nous donner un moyen de nous tirer d'embarras.

Le M. C'est très-juste. — Vous savez déjà une chose, c'est que les noms étrangers qui prennent un trait-d'union sont invariables : des *Sénatus-consulte*. Pour le pluriel des autres, les grammairiens sont partagés : suivez l'orthographe de l'Académie ; voici la liste des noms étrangers qu'elle veut toujours invariables, elle écrit des :

accessit,	ave,	exeat,	pater,	verso,
agenda,	concerto,	impromptu,	quatuor,	vivat.
alibi,	déficit,	lavabo,	quiproquo,	
alinéa,	duplicata,	lazzi,	recto,	
alléluia,	errata.	mémento,	solo,	
a-parté,	et cœtera,	nota,	Te Deum.	

J. La conséquence de cette liste, c'est que les noms étrangers qui n'y sont pas compris, nous les mettrons au pluriel.

Le M. Oui ; excepté encore ceux que vous ne trouverez pas dans votre dictionnaire, et les noms latins.

J. Autre chose : nous aurions bien désiré que notre grammaire nous eût donné plus d'exemples sur la règle de deux noms liés par une préposition, car enfin la grammaire ne donne d'exemples qu'avec la préposition *de*.

Le M. Vous avez raison. Je vais combler cette lacune. Ecrivez :

Un panier de pommes ;   Un panier de vin ;
Une brouettée de pommes de terre ;   Une brouettée de terre ;
Des œufs de poule :   Des œufs d'oiseaux :

Un paquet de coton ;
Un lit de plume ;
Un marchand de vin ;
Un marchand de poisson ;
Un chapeau à cornes ;
Une vie sans tâche ;
Un homme à imagination ;
Un fruit à noyau ;
Il court de contrée en contrée ;

Un paquet de loques ;
Un paquet de plumes ;
Un marchand de vins fins ;
Une marchande de harengs ;
Un habit à collet droit ;
Un habit sans boutons ;
Un homme à préjugés ;
Un fruit à pépins ;
Il court de plaisirs en plaisirs.

J. Ces exemples nous suffisent. Nous voyons clairement que toutes les fois qu'il y a pluralité dans la pensée, il faut mettre le nom au pluriel.

Le M. Et maintenant désirez-vous encore quelques explications ?

J. Oui, M., sur les noms composés, et particulièrement sur les numéros 89, 90, 91, 92.

Le M. Je ne vois, en effet, pour vous de difficultés que sur ces numéros. Pour les bien appliquer, il faut bien comprendre le sens du nom composé ; il faut voir si le nom pris isolément a une idée d'unité ou une idée de pluralité. Voici une petite série de noms composés, au pluriel, qui vous servira de guide :

essuie-mains,
appuis-main,
passe-port,
croque-notes,
gardes-champêtres,
gardes-malades,
avant-coureurs,
garde-meubles,
couvre-pieds,
pique-niques,
gardes-chasse,
perce-neige,
perce-oreille,

gardes-marine,
hausse-cols,
garde-manger,
guide-âne,
arrière-saisons,
avant-scènes,
gardes-notes,
croque-morts,
garde-feu,
gardes-côtes,
coupe-gorge,
passe-partout,

casse-tête,
boute-feu,
cure-dents,
glisse-main,
réveille-matin,
contre-allées,
coupe-jarrets,
cache-nez,
passe-poils,
prête-noms,
serre-file,
serre-tête.

J. Je remarque que le mot garde dans les noms composés prend tantôt une s et tantôt n'en a pas ; voudriez-vous nous dire pourquoi ?

Le M. Quand le mot garde désigne des individus, il doit prendre le signe du pluriel ; mais quand ce mot est verbe, comme dans *garde-fous*, *garde-manger*, il rejette le signe du pluriel. — Séance terminée.

TRENTE-SEPTIÈME LEÇON.

Noms dont le Genre varie.

QUESTIONNAIRE :

Expliquez les genres différents des mots :
Aide, enfant, exemple, foudre, garde, hymne, aigle, amour, couleur, couple, délice, orgue, manche, œuvre, orge, pâque, personne, quelque chose.

DIALOGUE :

J. Sur quoi, M., notre grammaire s'appuie-t-elle pour sa décision sur le mot *aide* ?

Le M. Comme toujours, sur l'Académie. L'Académie fait entendre clairement que *aide* est du féminin lorsqu'il signifie secours, moyen, assistance; mais qu'il est masculin ou féminin selon qu'il désigne un homme ou une femme placée auprès de quelqu'un pour travailler, opérer ou servir conjointement avec l'un d'eux ou sans l'un d'eux : *Ce chirurgien avait un bon aide*, — *cette sage-femme avait avec elle ses trois meilleures aides*.

J. J'ai vu quelque part ce matin, qu'*exemple*, modèle d'écriture, doit être du féminin ; cela est contraire à notre grammaire.

Le M. Longtemps les grammairiens le voulaient ainsi ; mais aujourd'hui le nom *exemple* est généralement reconnu pour un nom toujours masculin.

J. Doit-on dire, M., le premier manche ou la première manche d'une partie ?

Le M. L'Académie est muette sur cette acception du mot *manche*. Je pense toutefois que s'il était admis dans ce sens, il faudrait le faire féminin et dire : *La première manche, la seconde manche*, et cela parce qu'il y a plus d'analogie avec *manches* d'habit, choses qui vont ensemble, qu'avec *manche* d'outil.

J. Le mot œuvre semble laisser à désirer. Voudriez-vous avoir la complaisance de nous en donner les explications omises ?

Le M. Voici le complément que je puis vous donner : *Œuvre*, ouvrage de littérature est toujours féminin. — *Œuvre*, ouvrage distingué de musique, de peinture, de sculpture, est masculin. En terme d'alchimie, on dit le grand œuvre,—pierre philosophale. — *Travailler au grand œuvre.*

J. Sont-ce là tous les noms qui ont les deux genres ?

Le M. Non, M. E. Il y en a encore beaucoup d'autres. Voici les principaux :

NOMS.	MASCULIN.	FÉMININ.
BARBE,	cheval,	poil de la figure.
CORNETTE,	officier,	coiffure.
CRÊPE,	étoffe,	pâtisserie.
ENSEIGNE,	porte-drapeau,	tableau.
GUIDE,	conducteur,	rênes.
LITRE,	mesure,	tenture d'église.
MODE,	terme de grammaire ou manière d'être,	nouveauté.
MOUFLE,	vaisseau,	machine ou gant.
MOULE,	ustensile,	poisson.
MOUSSE,	apprenti-matelot,	plante.
OFFICE,	service — service religieux,	sorte de cuisine.
POÊLE,	chauffoir,—drap mortuaire,	ustensile de cuisine.
POSTE,	position,	service des lettres.
POURPRE,	maladie,	teinture précieuse.
REMISE,	sorte de cabriolet,	hangar.
SOLDE,	balance de compte,	paye.
TROMPETTE,	celui qui en joue,	instrument de musique
VAGUE,	indécision,	flot de la mer.
VAPEUR,	bateau à vapeur	sorte de gaz.
VASE,	ustensile,	fange,
VOILE,	vêtement.	toile de vaisseau.

J. *Délice* et *orgue*, dit la grammaire, sont masculins au singulier et féminins au pluriel. Cela étant, doit-on dire : *L'orgue de notre ville est une des plus belles de la province, — le plus doux de toutes les délices.*

Le M. Votre question est piquante ; elle n'a pas encore de solution bien établie. Voici sur cette difficulté l'opinion de Bescherelle que vous pouvez adopter : « Nous croyons, dit-il, que le masculin est préférable au féminin, et qu'il vaut mieux dire : *Un de mes plus grands délices, — un de mes délices, — l'Orgue de Saint-Marc à Venise, est un des plus beaux Orgues de l'Italie.* »

J. La leçon est-elle terminée ?

Le M. Pas encore; il me reste une petite recommandation à vous faire. Les trente-huitième, quarantième et quarante-unième leçons que vous allez apprendre sont des séries de règles qui complètent les huitième, trente-unième et trente-troisième. Je vous engage donc à relire les séries de la première partie en même temps que vous apprendrez celles de la seconde, de manière que toutes les règles d'accord des adjectifs, des verbes et des participes, se récapitulent bien dans votre mémoire.

J. Je comprends votre pensée, Monsieur, vous voulez que nous ne puissions rien oublier.

Le M. La séance est terminée.

TRENTE-HUITIÈME LEÇON.

Accord de l'Adjectif avec le Nom.

QUESTIONNAIRE :

Quelle est la règle de l'adjectif placé après plusieurs noms liés par *comme, de même que, ainsi que*, etc.?

Quelle est la règle de l'adjectif placé après plusieurs noms liés par *de* ?

De l'adjectif placé immédiatement après plusieurs noms de genre différent ayant une terminaison orale pour chaque genre?

Dites la règle de l'adjectif placé après *avoir l'air*.

Dites la règle des noms employés comme adjectifs.

Quelles sont les règles des adjectifs composés ?

Quelle règle suit l'adjectif modifiant un verbe ou un autre adjectif ?

Dites la règle des mots *proche* et *possible*.

Quelle est la règle de l'adjectif *même* ?

DIALOGUE :

Le M. Cette leçon est très-longue: je trouve fort bien que vous n'en ayez appris qu'une partie. Il y a de la matière pour trois jours.

J. En trois jours, M., nous pourrons la bien savoir. Mais pourtant tous les jours nous la lirons entièrement plusieurs fois, de manière que notre entretien puisse rouler chaque jour sur tout le chapitre. Nous lirons aussi, comme vous nous le commandez, la huitième leçon.

Le M. C'est très-bien penser. Cela vous sera aussi avantageux que si vous appreniez trois fois toutes les règles des adjectifs.

J. J'ai remarqué, M., que toutes les règles de cette leçon reposent sur le même principe que celles de la huitième leçon : c'est-à-dire, que l'adjectif s'accorde toujours avec le nom appelé par la question *qu'est-ce qui est?* faite avant l'adjectif.

Le M. C'est parfaitement juger ; aussi notre présente leçon n'est-elle que le complément de la huitième. Ce sont seulement d'autres manières de présenter les adjectifs. Voyons donc si vous avez bien compris le numéro 95. Expliquez cette phrase : *La femme, non moins que le mari, était brutale et emportée.*

J. Je pose cette question : *Qui est brutal et emporté?* — La femme. — Donc *brutal* et *emporté* doivent s'accorder avec *femme*, et s'écrire *brutale* et *emportée*.

Le M. Voyons quelques phrases sur le numéro 96 : *Il commandait une troupe de soldats formée à ses frais.* — *Il commandait une troupe de soldats formés à la guerre.*

J. Posons notre question : *Qui est formé à ses frais? — Une troupe;* donc *formée,* au féminin singulier. — *Qui est formé à la guerre?... les soldats;* donc *formés* au masculin pluriel.

Le M. Bien, très-bien. Passons au numéro 97 relatif aux noms de différent genre.

J. Ce numéro, M, fait tout-à-fait mauvais ménage avec la règle de mes grammaires, car mes grammaires veulent toutes que dans le cas qui est l'objet de ce numéro, le nom masculin soit énoncé le dernier, quand l'adjectif a une terminaison orale différente pour chaque genre.

Le M. La règle de vos grammaires, M. E., est vicieuse pour deux raisons : la première c'est qu'on n'enfile pas les mots comme des perles, et qu'on ne doit pas intervertir l'ordre des idées ; la deuxième c'est que, en énonçant ses idées, si le nom masculin est placé le premier, on ne doit pas recommencer la phrase. On écrira donc : *Cette entreprise a eu un commencement et une fin malheureuse.* — *L'ordre et la stabilité sociale, ébranlés par une catastrophe imprévue, furent rétablis par Napoléon III.* — Je vous ferai pourtant observer que ces sortes de phrases se présentent assez rarement, et que les auteurs, lorsque l'ordre des idées le permet, placent le nom masculin le dernier.

J. J'ai trouvé dans mes ouvrages deux phrases qui signalent des accords non mentionnés dans notre grammaire.

Le M. Il se peut. Quelles sont ces phrases ?

J. Les voici : *Le fer, le bandeau, la flamme est toute prête*; — *Aristide avait une modestie, une grandeur d'âme peu commune.*

Le M. Ces deux accords ne vous sont pas signalés, parce que vous ne pourriez les prendre pour guide sans courir le danger de vous égarer. Dans ces sortes de phrases l'esprit des auteurs est dominé par le dernier nom, et ils signalent cet effet par l'accord avec ce nom dominant.—Mais ces accords, pour vous, ne sont pas à imiter, bien qu'ils ne soient pas condamnables.

J. Cette explication nous suffit; nous nous en tiendrons à nos règles.

Le M. Voici maintenant deux phrases sur la deuxième partie de ce même numéro : *Ce moissonneur avait une faux et une scie attachée à sa ceinture. — Ce Monsieur avait un habit et un pantalon collant, garnis de boutons d'or ?* Voulez-vous expliquer l'accord de ces adjectifs ?

J. Posons notre question : *Qui était attaché à la ceinture?*... une scie ; — donc *attachée* au féminin singulier. —*Qui était collant ?*... le pantalon ;—donc *collant* au masculin singulier. — *Qui était garni de boutons d'or?*... l'habit et le pantalon ; — donc *garnis* au masculin pluriel.

Le M. Et le numéro 95 relatif à l'expression *avoir l'air*, qu'en pensez-vous ?

J. Je vous dirai qu'il est en désaccord complet avec mes autres grammaires, lesquelles ne donnent qu'une seule signification à l'expression *avoir l'air,* tandis que notre grammaire en donne deux.

L. M. La règle de votre grammaire s'appuie sur l'Académie, Laveaux, Bescherelle et beaucoup d'autres autorités de la plus haute distinction, tandis que la règle de vos grammaires n'a pour appui que l'autorité de gens qui se copient servilement.

J. J'ai remarqué un moyen qui concilie toutes les opinions,

ce me semble ; c'est de tourner par *avoir l'air d'être* lorsque la terminaison de l'adjectif pourrait blesser l'oreille, et qu'ainsi au lieu de dire : *Cette poire a l'air cuite ; cette maison a l'air neuve*, on dise : *Cette poire a l'air d'être cuite ; cette maison a l'air d'être neuve.*

Le M. Cela est un moyen d'éluder la difficulté, mais ce n'est pas du tout une solution.

J. M., je n'ai vu dans aucune de mes grammaires la remarque que signale le numéro 98.

Le M. Je puis vous en dire autant. Cette remarque toutefois rentre dans le principe général qui veut que tout adjectif modifiant un autre adjectif soit considéré comme adverbe. En effet, c'est comme si l'on disait : *Tout honnêtes gens qu'ils sont ; — tout bons ouvriers qu'ils paraissent.* — Séance terminée.

TRENTE-NEUVIÈME LEÇON.

Accord du Pronom avec le Nom.

QUESTIONNAIRE :

Que remarque-t-on sur *celui*, *celle* ?

Que remarque-t-on sur *on* ou *quiconque* ?

DIALOGUE :

J. Les Exemples que nous donne notre grammaire sur *celui, celle, on*, et *quiconque*, sont fort piquants, fort intéressants, nous aurions désiré qu'ils fussent plus multipliés.

Le M. Il y a moyen de vous satisfaire ; en voici encore un certain nombre. On doit écrire sur la porte d'un cimetière : *Ici on est égaux. — On était divisés par escouade de cinq hommes et un caporal, et on était assujettis à un travail de dix heures par jour. — On n'est pas des esclaves pour endurer de si mauvais traitements — On n'est pas des impies, on est de bons et fervents chrétiens.* — Séance levée.

QUARANTIÈME LEÇON.

Accord du Verbe avec son Sujet.

Comment s'accorde le verbe qui a plusieurs noms sing. synonymes pour sujets?

Qui a plusieurs sujets récapitulés par un seul mot?

Qui a pour sujet deux noms liés par *comme, de même que, ainsi que*, etc.?

Qui a pour sujet des noms liés par *moins, plus, plutôt, autant*, etc.

Le verbe en rapport avec un collectif suivi d'un nom pluriel?

Le verbe en rapport avec des noms modifiés par *tout, chaque, nul,* etc.? — avec plus d'un?

J. Nous connaissons bien ce qu'on doit entendre par noms ou mots synonymes, mais le mot gradation ne nous a pas encore été expliqué.

Le M. On entend par gradation une série de mots exprimant des idées qui enchérissent les unes sur les autres. La gradation va du moins au plus, ou du plus au moins, de telle sorte que la dernière idée est la plus forte ou la plus faible de toutes celles qui sont exprimées. En général, on sépare par une virgule les mots synonymes et les mots placés par gradation.

J. Voilà un *en général* qui me déroute un peu. La virgule n'est donc pas le signe infaillible ou que les mots sont synonymes, ou qu'ils sont placés par gradation?

Le M. Absolument, non.

J. Alors, M., notre grammaire fait ici une petite omission.

Le M. Citez une phrase qui la fasse voir.

J. *Le père, la mère, le fils étaient à cette fête.* Il n'y a dans cette phrase, ni synonymie, ni gradation. Comment donc écrire le verbe?

Le M. Parfaitement trouvé. Dans cette phrase et toute autre semblable, il faut mettre le verbe au pluriel, parce que tous les noms répondent à la question *qui est-ce qui*?

J. Puisque les numéros 93, 113 et 114 reposent absolument sur le même principe. Pourquoi trois règles?

Le M. Si vous aviez lu votre grammaire jusqu'au numéro 121, vous pourriez dire pourquoi quatre règles ?

J. Eh bien ! soit, pourquoi quatre règles ?

Le M. Par une double raison ; d'abord parce que les accords orthographiques des adjectifs et ceux des verbes et des participes sont tout différents; ensuite, parce que la grammaire doit présenter chaque chose à son temps, dût-elle se répéter .

J. Je comprends; une même règle ne peut s'appliquer que dans des cas tout-à-fait semblables , c'est-à-dire qu'il faut uniformité de principe et uniformité d'orthographe.

Le M. Vous pourriez me faire une semblable question sur les numéros 94, 115 et 122 , car ces trois numéros ont aussi un principe commun.

J. Le numéro 115 a quelque chose de particulier ; il me semble d'une application fort difficile ; car on ne distingue pas toujours bien lequel du nom ou du collectif est le mot dominant.

Le M. Je comprends votre embarras ; ce numéro est une difficulté de premier ordre qui arrête souvent les personnes, même les plus instruites. Voici un moyen sûr de bien appliquer cette règle : demandez-vous bien *qui est-ce qui est ?* ou *qui est-ce qui fait ?* et établissez l'accord avec l'idée venant en réponse, et cela sans arrière-pensée. Toute la science est là.

J. Si vous vouliez , M. , nous donner une petite série d'Exemples, ce serait une sorte d'exercice qui graverait la règle dans notre esprit.

Le M. Avec bien du plaisir. Vous verrez par ces exemples que dans beaucoup de cas on peut employer le singulier ou le pluriel :

Une foule d'enfants attirée ou attirés par ce spectacle encombrait ou encombraient la rue.

Une foule d'enfants encombraient la rue de pierres et de projectiles.

Une foule d'enfants composée d'écoliers courait ou couraient dans les rues.

Une faible troupe de montagnards résista à cette armée aguerrie.

Une bande de voleurs s'était introduite ou s'étaient introduits dans le château, et l'occupait ou l'occupaient.

Le peu de biens qu'il avait hérité ou hérités , a été consommé ou ont été consommés en six mois.

Le peu de jours qu'il vécut encore, furent entourés de gloire et d'honneur.

Le peu d'hommes que nous avions ne nous permit pas d'attaquer.
Le peu d'hommes que nous avions voulaient attaquer l'ennemi.

J. Je crois être enfin fixé sur la valeur du numéro 115 ; il suffit pour le bien appliquer, de comprendre sa pensée.

Le M. Je vous disais tout à l'heure relativement à votre observation sur les numéros 93, 113, 114 et 121, que bien que ces numéros aient un principe commun, il fallait les signaler. Je vous dirai encore la même chose sur les numéros 94, 115 et 122 qui reposent aussi sur un principe commun. Vous en voyez la preuve dans les phrases que je viens de vous citer, où certains adjectifs, certains participes sont à un nombre différent de celui des verbes.

J. C'est en effet une chose qui m'a frappé ; et pourtant tout cela se comprend parfaitement.

Le M. Séance terminée.

QUARANTE-UNIÈME LEÇON.

Accord du Participe passé avec son Régime.

QUESTIONNAIRE :

Quelle est la règle du participe passé qui a pour régime le pronom *l'* ?

Quelle est la règle du participe passé qui a pour régime deux noms liés par *comme, de même que*, etc. ?

Quelle est la règle du participe passé qui a pour régime des noms liés par *plus que, moins, autant que*, etc. ?

Quelle est la règle du participe passé qui a pour régime un collectif suivi d'un nom ?

Quelle est la règle du participe passé précédé de deux régimes unis par une préposition ?

DIALOGUE :

Le M. Trouvez-vous ces règles difficiles, et vous semblent-elles avoir besoin de quelques développements ?

J. Non, M. , les exemples suffisent pour les faire bien comprendre. C'est toujours l'application du principe général expliqué dans la trente-quatrième leçon. Seulement, sur le numéro 122, nous aurions besoin, comme au numéro 96 , des adjectifs, comme au numéro 115, des verbes, d'une petite série d'applications, car il n'est rien tel, vous le savez bien, que des exemples pour graver les règles.

Le M. Je vous comprends parfaitement ; aussi voici deux colonnes d'exemples , qui achèveront de fixer vos idées sur ce numéro :

Le peu d'hommes que nous avons vu à l'église ne nous a pas étonnés ; il faisait si froid.	Le peu d'hommes que j'ai vus à l'église ont continuellement parlé.
Le peu de fruits que j'ai récolté m'a suffi.	Le peu de fruits que j'ai récoltés se sont gâtés.
Le grand nombre d'enfants que nous avons vu sur la place, nous a étonnés.	Le grand nombre d'enfants que nous avons vus danser prouve l'indifférence des parents.
Le trop d'ardeur qu'il a montré l'a empêché de réussir.	Le trop de moyens qu'il a employés a nui à son affaire.
Le quart de mes biens a été, ou ont été vendus pendant la révolution.	Le nombre de soldats qu'il avait réunis montait à cinq cents hommes.

J. Avec ce surcroît d'exemples , la difficulté semble tout-à-fait vaincue. Il suffit de se bien comprendre.

Le M. Avez-vous encore quelques observations à me faire sur cette leçon ?

J. Deux seulement ; la première est sur l'expression *le peu*. Dans presque toutes mes grammaires , je trouve ceci : « Lorsque le participe est en rapport avec *le peu* suivi d'un nom , si *le peu* signifie *une petite quantité* , le participe s'accorde avec le nom placé après *le peu* , mais si le peu signifie *le manque* , le participe est invariable. »

Le M. Si je vous faisais , M. E. , l'histoire des erreurs et des absurdités grammaticales , vous seriez étonnés. Il semble que ce soit un privilége accordé à certains grammairiens de créer et de propager des préceptes absurdes. *Le peu,* comme principe d'une règle particulière est une erreur. *Le peu* ainsi que *le moins*, *le plus*, *le trop*, est soumis à la règle générale, c'est-à-dire que , lorsqu'il signale l'idée dominante dans la pensée , c'est avec lui que s'accordent les mots correspondants , adjectifs, verbes ou participes ; mais que, si c'est le nom suivant, qui domine dans la pensée , c'est avec ce nom que l'accord a lieu. *Le peu* marque bien quelquefois l'insuffisance , mais jamais le manque ou l'absence absolue.

Le M. Et la seconde ?

J. La seconde, c'est une règle pour le participe passé entre deux *que*.

Le M. La règle du participe passé entre deux *que* n'est pas une véritable règle : ce n'est qu'une remarque insignifiante réglée par le numéro 70. En effet, si l'on disait : *Les ouvrages que j'ai pensé que vous feriez.* On voit clairement que le régime de *pensé* est *que vous feriez ;* donc, point d'accord. Et si l'on disait : *Les ouvrages qu'on nous a convaincus, persuadés qu'on ferait ;* on voit que *nous* est le régime de *convaincus, persuadés,* donc accord.

J. M., je me rappelle que vous nous avez dit à la trente-quatrième leçon, à laquelle celle-ci fait suite, que les anciens n'avaient qu'une seule règle des participes. Voudriez-vous avoir l'obligeance de nous dire et de nous expliquer cette règle unique !

Le M. Maintenant que vous savez toutes les règles des participes de votre grammaire, je le puis sans inconvénient ; voici donc cette règle : « Le participe est variable quand il est joint à un nom ou s'y rapporte par le verbe être, et quand étant joint au verbe *avoir,* il est placé après le régime direct ; mais il est invariable dans tout autre cas. »

J. Quel était le moyen employé pour appliquer cette règle unique ?

Le M. C'était de faire toujours sur le participe, la question *qu'est-ce qui a été ?* Si le nom ou le pronom venant en réponse était avant le participe, celui-ci s'accordait ; mais si le nom ou pronom répondu était après le participe, ou s'il n'y avait pas de réponse, le participe était invariable. Voulez-vous que j'essaye l'application de cette règle ?

J. Avec plaisir. Voici une phrase : *La maison que j'ai vu bâtir.*

Le M. Qui a été vu *bâtir ?* Point de réponse ; *vu* invariable.

J. *On nous a forcés, obligés, contraints de partir.*

Le M. Qui a été forcé, obligé, contraint de partir ? — *Nous* accord, puisque obligé, forcé, contraint sont après *nous.*

J. *On nous a dit de nous retirer.*

Le M. Qu'est-ce qui a été *dit ?* — de nous *retirer,* — *dit* invariable.

J. *Elles se sont faites gardes-malades.*

Le M. Qui a été fait *gardes-malades ?* — *Soi, elles,* donc accord.

J. *Les paquets qu'on a pesés*

Le M. Qu'est-ce qui a été *pesé?* les *paquets.* — *Pesé* après *paquets,* — accord.

J. *Les cent kilos que j'ai pesé.*

Le M. Qu'est-ce qui a été *pesé?* point de réponse, — *pesé,* invariable.

J. *Les cinquante louis que ce cheval a coûté, valu?*

Le M. On ne peut pas tourner par ont été *coûté, valu,* — donc *coûté, valu,* invariable.

J. *Les nuits que j'ai pleuré.*

Le M. Qu'est-ce qui a été *pleuré?* — point de réponse, invariable.

J. *La nouvelle qu'on a dit que vous avez reçue.*

Le M. Qu'est-ce qui a été *dit?* — *Que vous avez reçu* une nouvelle. Participe invariable.

J. *Quelle quantité de blé on a moissonné.*

Le M. Qu'est-ce qui a été moissonné? — *La quantité,* — donc accord avec *quantité.*

J. *Cette femme, je l'ai laissée voler des fruits.*

Le M. Qui a été laissé voler ou volant des fruits? — *Cette femme,* — donc accord.

J. *Cette femme, je l'ai laissé voler par quelqu'un.*

Le M. Qui a été laissé voler? — Pas de réponse, — donc participe invariable.

J. Cette règle, M.. est infiniment simple et semble s'appliquer très-facilement à tous les cas. Pouvons-nous la suivre?

Le M. Je ne vous le défends pas; mais pourtant je vous conseille d'en restreindre l'application aux seuls participes des verbes neutres conjugués activement, aux participes des verbes unipersonnels, et aux participes en rapport avec des collectifs.

J. On eût peut-être bien fait de conserver cette règle unique.

Le M. Elle est en effet digne de regret. — Séance terminée.

QUARANTE-DEUXIÈME LEÇON.

Remarques sur les Mots invariables.

QUESTIONNAIRE :

Que remarque-t-on sur *jusque?*

Quelle différence y a-t-il entre *plus tôt* et *plutôt?*

Quelle différence y a-t-il entre *quand* et *quant ?*

Quelle différence y a-t-il entre *près de* et *prêt à ?*

Quelle différence y a-t-il entre *parce que* et *par ce que ?*

Quelle différence y a-t-il entre *surtout* et *sur tout ?*

Quelle différence y a-t-il entre *quelquefois* et *quelques fois ?*

Quelle différence y a-t-il entre *là* et *la ?*

Quelle différence y a-t-il entre *quoique* et *quoi que ?*

Quelle différence y a-t-il entre *ou* et *où ?*

Quelle différence y a-t-il entre *a* et *à ?*

Les Explications sur cette leçon doivent être données verbalement par le maître.

FIN DE LA PREMIÈRE PARTIE.

DEUXIÈME PARTIE.

LA SYNTAXE.

PREMIÈRE LEÇON.

DIALOGUE :

Le M. Vous avez vu la première partie de votre grammaire ; vous savez l'orthographe. Voici maintenant la deuxième partie dont l'objet est de vous enseigner la Syntaxe ou la Construction des phrases.

J. Dans cette partie donc, M., nous devons voir et apprendre la coordonnance des mots ; nous n'avons plus à revoir les règles d'orthographe.

Le M. Du tout. Ici, c'est tout-à-fait une autre science, je dirai même, une autre marche pour l'enseignement. Dans la première partie les règles étaient avant les exemples ; dans cette deuxième partie les exemples précèderont les règles.

J. C'est-à-dire, que les exemples annoncent les règles ; c'est à peu près la même chose sous une autre forme.

Le M. Pourtant avec cette différence, que c'est la similitude des phrases d'exercice avec les exemples, qui fait trouver le numéro de la règle.

J. Nous avons deux leçons de grammaire avant d'arriver à une leçon des règles ; la première est un Traité de la Phrase et de la Proposition, la deuxième est un Traité des Figures de grammaire.

Le M. Aujourd'hui, M. E., nous ne parlerons que du Traité de la Phrase et de la Proposition. Voyons si vous avez bien compris votre leçon. Quelle différence mettez-vous entre une phrase et une simple proposition ?

J. Je pense qu'une phrase comprend toute une pensée, tandis qu'une proposition peut ne composer qu'une partie de la pensée. Toutefois, si une phrase n'a qu'une proposition ou exprime une pensée complète sans division possible, on l'appelle phrase, et non, proposition.

Le M. Voudriez-vous me donner un exemple?

J. Quand je dis : *Dieu récompensera les hommes justes.* Si ma pensée en reste là, j'exprime une phrase qui n'a qu'une proposition avec laquelle elle est identique ; mais si je dis : *Dieu récompensera les bons et punira les méchants,* j'exprime une phrase qui a deux propositions distinctes.

Le M. Distinguez-vous facilement les diverses sortes de propositions qui sont indiquées dans votre grammaire?

J. Je ne suis embarrassé que pour distinguer dans certains cas la proposition principale des propositions qui l'accompagnent.

Le M. Expliquez-vous par des exemples?

J. Quand je dis : *Je crois que Dieu est juste*, je ne vois pas bien si c'est *je crois* ou si c'est *que Dieu est juste,* qui est la proposition principale.

Le M. Une proposition est principale, non à cause de l'importance de la pensée qu'elle exprime, mais à cause de la nécessité de son existence, de l'ordre et de la place qu'elle occupe, et d'une sorte de gérance qu'elle exerce sur les autres propositions, lesquelles ne semblent que des compléments de la pensée ; ainsi, — je reprends votre phrase, — quand je dis : *Je crois que Dieu est juste, je crois* est la proposition principale, et *que Dieu est juste,* est une proposition complétive. Il en est de même quand on dit : *Je veux que tu travailles.* — *Nous voudrions que vous fissiez un voyage en Suisse.*

J. Je comprends bien maintenant. Mais je crois avoir trouvé une sorte de proposition que notre grammaire a omise.

Le M. Cela est un peu singulier. Donnez donc une phrase qui fasse voir cette nouvelle sorte?

J. Voici : Je connais *l'homme qui a parlé... l'homme qu'on a arrêté.* — Qui a parlé ou qu'on a arrêté, ne me semblent pas des propositions comprises dans les sortes données.

Le M. Pardon, elles sont comprises dans les propositions

complétives parce qu'elles ont pour objet ou de compléter une autre proposition ou quelquefois une phrase.

J. M. Mais, M., cette sorte de propositions a aussi un caractère tout particulier, elle détermine les noms en les faisant entendre dans un sens particulier.

Le M. C'est vrai ; mais ce n'était pas là une raison suffisante pour créer une classe, d'autant plus que, sur cette distinction, ne s'établit aucune règle.

DEUXIÈME LEÇON.

DES FIGURES.

Dialogue :

J. Ordinairement nos leçons commencent, lorsqu'il s'agit de traiter d'un sujet, de le définir afin de connaître tout d'abord l'objet de la leçon. Ici, il manque donc une définition.

Le M. C'est une observation très-juste. Il importe de bien comprendre ce que la grammaire entend par figure. Une figure est une certaine forme de langage qui sert à donner au discours plus de grâce, de vivacité, d'éclat, d'énergie.

J. Les figures servent-elles de base aux règles de la syntaxe?

Le M. Non, M. E.

J. Alors pourquoi en charger la grammaire puisqu'elles n'aident pas à faire comprendre les règles de la Construction ?

Le M. La connaissance des figures n'appartient pas véritablement à la grammaire, mais pourtant il n'est pas permis à un jeune homme qui a fait un cours complet de sa langue d'ignorer les figures. Il est important qu'il sache quand un mot répété donne plus de force à la pensée, et quand un autre, omis à dessein, lui donne plus de vivacité, plus de rapidité, plus d'éclat. Les figures, d'ailleurs, font comprendre certaines formes de langage, certaines constructions qui sont en dehors des règles.

J. J'entends souvent dire *sens propre*, *sens figuré* ; voudriez-vous avoir la bonté, M., de nous expliquer ce que cela signifie ?

Le M. Le sens propre d'un mot est son sens naturel, le sens pour lequel il a été créé : *Cette maison m'a coûté cent mille francs...* *Cette orange est aigre...* Les mots *coûté* et *aigre* ont ici leur sens propre ; mais si je dis : *les peines que ce travail m'a coûté ; mes paroles sont aigres ; coûté* et *aigres* sont ici dans un sens figuré.

TROISIÈME LEÇON.

ANALYSE LOGIQUE GRAMMATICALE.

Dialogue :

Le M. Comprenez-vous bien les notions de Logique de votre grammaire ?

J. Oui, M., assez bien.

Le M. Ces notions de Logique vous sont données pour être appliquées à la correction de vos Exercices syntaxiques. L'application des arguments s'appelle Analyse logique grammaticale.

J. M., toutes les formes des raisonnements ou des arguments sont-elles données dans les notions de Logique de notre grammaire ?

Le M. Non, M. E ; on s'est contenté de donner les formes d'arguments qui vous sont nécessaires pour bien raisonner les phrases de vos exercices syntaxiques.

J. Comme cette science me paraît piquante, et très-intéressante, je vous prierai, si ce n'est pas abuser de votre complaisance, de nous dire quelles sont les formes des raisonnements logiques omises dans notre grammaire ?

Le M. Ces formes sont : 1° L'*Enthymême*, raisonnement dans lequel une des prémisses est sous-entendue. Exemple : *Tout corps est pesant, donc l'air est pesant*; on sous entend *or, l'air est un corps.* 2° L'*Epichérème*, où une au moins des prémisses est accompagnée de sa preuve. Exemple : *Tous les corps sont pesants, l'expérience le démontre; or l'air est un corps ; donc*, etc. 3° L'*Exemple*, qui consiste à prouver la majeure du syllogisme par un fait analogue à la conséquence que l'on veut tirer.

J. Merci, M., je suis content. La grande difficulté, maintenant, c'est de faire les applications.

Le M. Voici la marche à suivre : 1° Vous donnerez en majeure la règle de la syntaxe applicable à la phrase à corriger, — règle que vous trouverez par l'analogie de cette phrase avec une phrase servant d'exemple dans votre grammaire ; — 2° en mineure l'explication de l'accord à opérer ou de la rectification à faire ; — 3° et comme conséquence la phrase corrigée.

J. Ho! ho! voilà qui n'ira pas tout seul. — Il me vient une pensée.

Le M. Dites-la.

J. Si vous vouliez, M., avoir l'obligeance de faire l'application de cette méthode sur un certain nombre de phrases que je vous présenterais, nous aurions une introduction.

Le M. Votre pensée est excellente ; ce vous sera un très-bon moyen. — Dites une phrase.

J. « Les bons et mauvais princes sont également loués pendant leur vie. »

Le M. Il faut répéter l'article avant les adjectifs qui se rapportent à des objets différents — majeure. — Or, l'adjectif *bons* et l'adjectif *mauvais*, se rapportent à des princes différents — mineure. — Donc il faut dire en répétant l'article : « Les bons et les mauvais princes sont également loués pendant leur vie. » — Conséquence.

J. Cela se comprend. Une autre. « Un juge fit lever la main à un teinturier ; or, comme *ils les* ont ordinairement noires, le juge lui dit : Otez votre gant. »

Le M. Un pronom pluriel ne peut remplacer un nom singulier — majeure. — Or, pour que *ils* remplace *teinturier,* et que *les* remplace *main,* il faut mettre *teinturiers* et *mains* au pluriel — mineure. — Donc il faut dire : « Or, comme les teinturiers ont ordinairement les mains noires, le juge, etc. » — Conséquence.

J. Troisième phrase : « Je voudrais que vous *veniez* demain. »

Le M. Après l'imparfait, les passés, le plus-que-parfait, et les temps du conditionnel, les verbes des propositions subordonnées se mettent à l'imparfait ou au plus-que-parfait du subjonctif — majeure. — Or, le verbe *venir* doit être à l'imparfait du subjonctif — mineure. — Donc il faut dire : « Je voudrais que vous vinssiez. » Conséquence.

J. Quatrième phrase : « Ce n'est pas moi qui *se ferait* prier. »

Le M. Tout verbe précédé du pronom relatif déterminatif *qui* s'accorde en nombre et en personne avec l'antécédent de *qui* — majeure. — Or, *ferait* est précédé du pronom relatif qui , — lequel a pour antécédent *me* — mineure. — Donc il faut dire : « Ce n'est pas moi qui me ferais prier en faisant accorder *ferais* avec l'antécédent *me*. — Conséquence.

J. Cinquième phrase : « Il mérite et est digne de tous les maux qu'il souffre. »

Le M. Il ne faut pas donner un régime commun à deux verbes , à deux adjectifs ou à deux prépositions qui appellent des régimes différents — majeure. — Or, *mériter* veut *maux* en régime direct et *est digne* veut ce mot en régime indirect — mineure. — Donc , il faut dire : « Il mérite tous les maux qu'il souffre et en est digne. » Conséquence.

J. Sixième et dernière phrase : « Non-seulement la religion nous ordonne d'aimer nos amis, mais encore nos ennemis. »

Le M. *Non-seulement* et *mais* doivent précéder dans les phrases, les parties mises en opposition — majeure. — Or dans cette phrase : c'est *amis* et *ennemis* qui sont en opposition — mineure. — Donc , il faut dire : La religion nous ordonne d'aimer *non-seulement* nos amis, *mais encore* nos ennemis. — Conséquence.

J. Il me semble , M. , que les raisonnements ou les arguments de la Logique pourraient s'employer tout aussi bien pour l'application des règles de l'Orthographe que pour celles de la Syntaxe.

Le M. Certainement.

J. Voyons une application sur cette phrase : « La dame que nous avons *vus* passer. »

Le M. Cette phrase appelle deux arguments ; l'un pour prouver que *vu* ne doit pas être au masculin pluriel, l'autre pour prouver qu'il doit être au féminin singulier. Premier argument *dilemme* : ou *vu* est variable, ou il est invariable, — si *vu* est variable, c'est avec *dame* qu'il doit s'accorder, — si *vu* est invariable il ne doit pas être au masculin pluriel. — Donc *vu* est mal orthographié. Conséquence.

J. Voilà un raisonnement tranchant : Vive le dilemme ! — Voyons maintenant le second argument pour la correction de la faute d'orthographe.

Le M. Le participe passé suivi d'un verbe à l'infinitif, s'accorde avec le régime qui le précède, si ce régime fait l'action de l'infinitif — majeure. — Or, la dame fait l'action de passer — mineure. — Donc il faut écrire *vue* au féminin singulier. — Conséquence.

J. Une autre phrase : « Les deux heures que j'ai parlé. »

Le M. Le participe d'un verbe neutre employé comme actif, ne varie que lorsqu'il peut être tourné par un passif — majeure. — Or, on ne peut pas dire : Deux heures ont été parlées — mineure. — Donc le participe *parlé* est invariable. — Conséquence.

J. Dernière phrase : « Les sommes et les peines que m'a coûté cette maison. »

Le M. Hé ! vous riez, compère, vous me lancez une phrase insidieuse ; vous savez bien que d'après vos grammaires, *coût*é doit être invariable avec *sommes* et variable avec *peines*. Heureusement que notre grammaire n'a pas comme les vôtres deux poids et deux mesures, pas plus que l'Académie qui lui sert de base. — Voici donc mon raisonnement qui est le même que le précédent : « Le participe passé d'un verbe neutre employé comme verbe actif, ne varie que lorsqu'il peut être tourné par un passif » — majeure. — Or, on ne peut pas dire : « Des sommes et des peines ont été coûtées — mineure. — Donc *coûté* doit être invariable. — Conséquence.

J. Dans les corrections que nous allons faire, faudra-t-il écrire toujours : *Majeure, mineure, conséquence.*

Le M. Non ; vous ne ferez cela que pendant les quatre premières leçons ; c'est-à-dire, dans la correction de vingt-quatre numéros.

J. M., à la trente-cinquième leçon vous nous avez donné un échantillon de l'analyse grammaticale qu'on fait dans les collèges, si vous vouliez maintenant avoir la bonté de faire la même chose pour l'analyse logique ?

Le M. Volontiers ; je n'y vois aucun inconvénient. P.

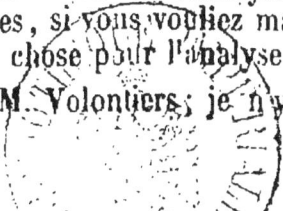

cette phrase sur le tableau : « Je désire que vous *vinssiez* voir
les livres que j'ai *reçu.* »

J. C'est sans doute à dessein que vous *faites* une faute de
construction et une faute d'orthographe.

Le M. Oui , M. E. , je vous en dirai tout-à-l'heure la raison.

J. Nous vous écoutons.

Le M. Cette phrase renferme trois propositions parce qu'elle
contient trois verbes à un mode personnel. En voici la traduction
obligée : Première, Je suis désirant ; deuxième, que vous *fussiez* venant voir les livres ; troisième, que j'ai été recevant.

J. Maintenant...

Le M. Maintenant il faut dire : la première, *Je suis désirant*
est une principale absolue, parce qu'elle tient le premier rang,
et que c'est à elle que les autres se rapportent. Les deux autres
sont des propositions incidentes déterminatives, parce qu'elles
sont liées à la principale par *que.*

J. Ensuite ?

Le M. Ensuite, il faut reconnaître les parties intégrantes de
chacune, c'est-à-dire, le sujet, le verbe et l'attribut.

J. Voyons cela.

Le M. Le sujet de la proposition principale est *Je,* simple
parce qu'il est signalé par une seule idée, incomplexe parce qu'il
n'a ni modificatif ni complément : le verbe est *suis ;* l'attribut
est *désirant.* Simple parce qu'il est exprimé par une seule
idée, et Complexe parce qu'il a pour complément les deux propositions incidentes qui suivent.

J. Article réglé pour la principale ; aux autres avec leurs
fautes.

Le M. « Que vous *fussiez* venant. » Cette proposition est incidente déterminative parce qu'elle modifie la principale et y est liée
par *que.* Le sujet est *vous,* simple parce qu'il n'est signalé que
par une idée, et incomplexe parce qu'il n'a pas de modificatif ;
le verbe est *fussiez ;* l'attribut est *venant ;* Simple parce qu'il
est exprimé par une seule idée, et Complexe parce qu'il a pour
complément *voir les livres.*

J. Enfin la troisième proposition.

Le M. « Que j'ai été recevant. » Cette troisième proposition est aussi une incidente déterminative parce qu'elle modifie ou détermine le sens de la proposition qui précède et qu'elle y est liée par *que*. Le sujet est *Je*; simple parce qu'il est signalé par une seule idée; incomplexe, parce qu'il n'a ni modificatif ni complément; le verbe est *ai été*, l'attribut est *recevant* : simple parce qu'il est signalé par une seule idée, et complexe parce qu'il a pour complément *les livres*.

J. Et la faute de construction, et la faute d'orthographe ?

L. M. C'était là que je vous attendais. Sachez une chose, c'est que l'objet de cette analyse logique n'est pas du tout de corriger les défauts des phrases.

J. Mais alors, à quoi sert-elle ?

Le M. Elle sert à décomposer les phrases ; rien de plus.

J. Et voilà ce qu'on appelle une science ? Belle science en vérité ! Une science qui ne sert qu'à faire répéter perpétuellement proposition principale ou absolue, ou relative ; ou proposition incidente, déterminative, explicative ; puis sujet, verbe et attribut ; puis enfin sujet simple ou composé, complexe ou incomplexe ; attribut simple ou composé, complexe ou incomplexe ; et cela après avoir tourné tous les verbes aux modes personnels par des participes présents, ce qui dénature les idées, puisque tout participe présent joint au verbe *être* devient adjectif et cesse d'être verbe.

Le M. Que voulez-vous ? je vous donne cette science telle qu'elle est.

J. Cette prétendue science doit par fois présenter des phrases d'une singulière forme !

Le M. Pourquoi cela ?

J. Parce que, s'il faut tourner tous les verbes aux modes personnels par des participes présents, cela doit produire des phrases comiques.

Le M. Je ne vois pas trop cela. Vous ignorez sans doute que l'analyse logique des grammairiens a fait naître de gros et nombreux volumes.

J. Je ne sais pas ce qu'elle a fait naître ; mais je maintiens qu'elle doit produire de singulières décompositions.

Le M. Présentez des phrases, je vous en ferai la traduction, et nous verrons.

J. *Ils vont à Paris et passent par Amiens. — Ils revien-
nent de Pontoise. — Il faut que vous étudiiez avec attention.
— Il a beau pleurer. — Passe encore de bâtir. — Que dites-
vous ? — Ah ! vous m'avez trompé.*

Le M. Voici : *Ils sont allant à Paris, ils sont passant par
Amiens. — Ils sont revenant de Pontoise. — Il est fallant
que vous soyez étudiant avec attention. — Il est ayant beau
jeu pour pleurer. — Il est passant encore de bâtir. — Je suis
demandant ce que vous êtes disant. — Je suis étonné, vous
avez été trompant me.*

J. Véritablement, M., est-ce que ces constructions vous
semblent supportables ?

Le M. Je voulais juger de votre pénétration. Je suis content
de vous. Non, elles ne sont pas supportables.

J. Je remarque encore une chose très-singulière dans cette
analyse.

Le M. Laquelle ?

J. C'est qu'elle ne se fait qu'au moyen de traductions défectueuses où les idées primitives sont toutes changées.

Le M. C'est vrai.

J. Je pense que si un professeur de grammaire s'avisait
d'aller faire de cette analyse devant les quarante de l'Académie,
ces Messieurs bondiraient sur leurs sièges.

Le M. Je le pense comme vous, car comment faire croire
qu'on puisse enseigner la langue avec des phrases si barbares
et si extravagantes.

J. Voulez-vous que je vous dise mon opinion sur cette
science.

Le M. Dites.

J. C'est que cette science est un vrai travail de manœuvre.
On démolit, on réduit l'édifice en matériaux ; mais on ne
réédifie pas, on ne rectifie pas. Cette science semble n'être
inventée que pour multiplier les années de pension.

Le M. Bien jugé

QUATRIÈME LEÇON.

Emploi de l'Article.

DIALOGUE :

J. Avant de commencer, voudriez-vous, M., avoir l'obligeance de nous dire pourquoi notre grammaire ne donne pas de leçon sur l'emploi des noms ?

Le M. Parce que l'emploi des noms se confond, quant aux règles, avec celui des pronoms.

J. Les règles des articles, de notre grammaire, sont moins nombreuses que celles de beaucoup d'autres grammaires ; d'où vient cela ?

Le M. C'est que votre grammaire réunit souvent dans une même règle plusieurs catégories de faits pour lesquelles les autres donnent des règles particulières suivies de nombreuses exceptions. Ainsi, il n'y a pas d'omission.

J. Puisque notre grammaire n'omet ni règles, ni exceptions, nous sommes contents.

Le M. Vous avez toutes les règles qu'une grammaire classique puisse offrir ; mais pourtant je ne dois pas vous laisser ignorer que les auteurs ne suivent pas toujours ces règles, car vous seriez porté à croire que les écrivains ne savent pas la grammaire.

J. Alors, il est donc quelquefois permis de ne pas suivre certaines règles ?

Le M. Aux auteurs, oui ; mais à vous, non. Cela vous est tout-à-fait interdit tant que vous serez dans vos classes. Il est nécessaire que vous soyez esclaves de vos règles. Quand vous serez sorti de vos classes, que votre jugement sera bien formé, que votre goût sera solide et votre intelligence bien développée par la lecture des auteurs, alors, mais alors seulement, vous pourrez vous affranchir de certaines règles un peu restreintes de votre grammaire.

J. Si vous vouliez, M., nous faire connaître par ordre de numéro quelques infractions des auteurs aux règles des articles ?

Le M. Volontiers. N° 1. *L'acte de naissance doit énoncer les* nom, prénoms, profession, et domicile du père et de la mère. — Les ducs et pairs. — Les lois et coutumes. — Les prix et récompenses. — Les maires et adjoints. — Les lettres et paquets. — Aimez vos frères et sœurs. — Les maîtres et maîtresses.

N° 2. Les pères et mères sont responsables des délits de leurs enfants. — Envoyez-moi les quinzième et seizième volumes de l'Encyclopédie. — Les premier et second articles.

N° 3. Les pièces espagnoles et anglaises. — Les sciences divines et humaines. — Les historiens anciens et modernes. — L'analyse grammaticale et logique. — Les bons et mauvais princes. — Mes grands et petits appartements. — Les draps noirs et bleus sont préférés. — Envoyez-moi des draps bleus ou noirs. — La bonne ou mauvaise destinée.

J. Pourquoi, M., ne nous citez vous pas les noms des auteurs de ces infractions?

Le M. Parce que vous n'avez pas par devers vous les livres dont sont extraites ces phrases? Et les eussiez-vous, ce serait encore inutile, puisque les noms ne vous indiqueraient pas les pages.

J. Est-ce que la répétition de l'article devant des adjectifs qui qualifient le même nom, est toujours une faute?

Le M. Non, M. E. ; mais alors quand on répète l'article c'est pour donner plus de force à la pensée et multiplier en quelque sorte ce qui n'est qu'un ; c'est ainsi qu'on dit : *Oh! le sot, l'impertinent auteur! — C'est mon plus beau et mon meilleur cheval. — La mer la plus terrible et la plus orageuse.*

J. Avez-vous également quelques infractions à nous signaler sur les numéros 4, 5 et 6.

Le M. Non, mais je veux vous présenter une série de phrases qui pourront achever de vous faire comprendre l'emploi des articles dans un certain nombre de cas en dehors des cas signalés.

Un fils du roi,	Un fils de roi.
Les jeux des enfants,	Les jeux d'enfant.
Eau de la Seine... du puits,	Eau de Seine... de puits.
Entendre la raillerie,	Entendre raillerie.
Voilà de la bonne soupe,	Voilà de bonne soupe.
Je n'ai pas de l'argent pour le prêter,	Je n'ai pas d'argent à prêter.

La forme du gouvernement ,	La forme de gouvernement.
Parler de la guerre ,	Parler de guerre.
Le pot au beurre ,	Le pot à beurre.
Un pot au feu ,	Un pot à feu.
J'achète de la bonne viande,	J'achète de bonne viande.

NOTA. (*Le Maître devra expliquer verbalement le sens de toutes ces constructions.*)

CINQUIÈME LEÇON.

Emploi des Adjectifs.

DIALOGUE :

J. J'ai remarqué, M. , que la règle de l'emploi de l'adjectif, relative à un sens équivoque, ne figure pas dans notre grammaire. Quelle en est la raison ?

Le M. C'est parce que l'équivoque que signalent les grammairiens n'est qu'apparente.

J. Cependant dans cette phrase : *Riche et puissant , vous m'avez toujours été fidèle ;* il y a véritablement une équivoque; le lecteur ne peut distinguer si c'est la personne qui parle ou si c'est la personne à qui l'on parle, à qui s'adresse *riche et puissant ?*

Le M. Remarquez que cette phrase ou toute autre semblable ne s'emploie ou ne peut s'employer qu'entre deux personnes qui se parlent, et qu'entre elles il ne peut y avoir d'équivoque, puisque riche et puissant n'a trait qu'à celle des deux qui a été riche et puissante.

J. C'est juste.

Le M. Puisque nous parlons d'équivoque, en voici une qui n'est pas signalée dans votre grammaire et qui pourtant le pourrait être : *Les adjectifs possessifs ne doivent point être employés d'une manière équivoque.* Il ne faut pas dire : *En quittant le monde, on ne quitte le plus souvent ni ses travers, ni ses folles passions...* Il faut... *ni les travers, ni les folles passions du monde.*

J. Comme vous le dites, cette règle est digne d'attention; elle est même fort piquante. Pourquoi donc n'est-elle pas dans notre grammaire ?

Le M. Parce qu'elle est implicitement comprise dans les autres règles qui concernent les équivoques.

J. Le numéro 13 a-t-il beaucoup d'applications ?

Le M. Oui, un très-grand nombre. En voici une série :

Un cruel homme ,	Un homme cruel.
Un pauvre peintre ,	Un peintre pauvre.
Un grande dame ,	Une dame grande.
Un galant homme ,	Un homme galant.
Un furieux fou ,	Un fou furieux.
Un vilain garçon ,	Un garçon vilain.
Un honnête homme ,	Un homme honnête.
De méchants vers ,	Des vers méchants.
Une commune voix ,	Une voix commune.
Un grand homme ,	Un homme grand.
Une fausse-porte ,	Une porte fausse.
Les propres termes .	Les termes propres.
Une certaine nouvelle ,	Une nouvelle certaine.
Un brave homme ,	Un homme brave.
Le Saint-Esprit ,	L'Esprit-Saint.
Du nouveau vin ,	Du vin nouveau.
Un plaisant homme ,	Un homme plaisant.

(Ces phrases doivent être expliquées verbalement.)

J. Tout cela , M. , se comprend bien ; maintenant il ne nous reste plus qu'à vous demander une petite suite au numéro 17.

Le M. A ce numéro on peut ajouter *matinal, matineux , matinier ; — éminent, imminent; — fortuné, riche ; — passager, passant.*

MATINAL, signifie qui s'est levé matin ou qui est relatif au matin : *Vous avez été matinal ; — l'étoile matinale.*

MATINEUX, signifie qui a l'habitude de se lever matin : *Cet homme est toujours matineux.*

MATINIER, signifie qui appartient au matin : *L'étoile matinière, des habitudes matinières.*

ÉMINENT , signifie grand , haut , élevé : *Un emploi éminent, un caractère éminent , un mérite éminent, un degré éminent.*

IMMINENT, signifie certain, immédiat : *Un danger imminent.*

FORTUNÉ , signifie prospère , heureux : *Une position fortunée , des jours fortunés, une jeunesse fortunée.*

RICHE, signifie qui a du bien , des richesses : *Un homme riche, une riche succession, un riche avenir.*

PASSAGER , signifie qui passe , qui dure peu : *La beauté est passagère. — Les hommes sont passagers sur la terre.*

Passant, se dit d'un chemin, d'une rue par lesquels il passe beaucoup de monde : *Un chemin passant, une rue passante.* On dit encore *passant* pour désigner celui qui passe une rue : *Un passant.* — *Il rassemble tous les passants.* — *Demandez au premier passant.*

J. Est-ce tout ?

Le M. Non, il faut encore que je vous dise : 1° que l'adjectif *venimeux* s'emploie figurément pour signifier méchant, dangereux : *Une langue venimeuse;* 2° que *conséquent* s'emploie avec un nom de chose pour signifier une suite nécessaire ; on dit : *Avoir une conduite conséquente; tenir des discours conséquents.*

SIXIÈME LEÇON.

Emploi des Pronoms.

Dialogue :

J. J'ai trouvé, M., dans mes ouvrages plusieurs phrases sur l'emploi de quelques pronoms dont ne parle aucune règle de notre grammaire ; cela m'étonne beaucoup ?

Le M. Quelles sont donc ces phrases ?

J. Les voici : *Il n'y a pas de plus forte tête que lui dans notre conseil municipal.* — *Notre régiment n'a pas deux lames comme lui.* — *Ce maître d'armes est la plus fine lame de l'armée.*

Le M. C'est fort bien trouvé, M. E. ; je dois vous dire à cet égard que ces sortes de phrases ne peuvent être l'objet d'une règle. Ce sont des constructions consacrées par l'usage et le besoin, mais insolites : ces constructions sont au pronom, ce qu'est *un trompette, un vapeur, un foudre d'éloquence,* etc., à l'égard du nom.

J. Le numéro 24 dit bien qu'un pronom pluriel ne peut pas se rapporter à un nom singulier, mais il ne dit pas si un pronom singulier ne peut pas être en relation quelquefois avec un nom pluriel ?

Le M. Ce numéro pourrait le faire croire, pourtant, il n'en est pas ainsi, car on dit : *De toutes ces robes, voici celle qui me plaît.* — *De tous ces chevaux, je ne veux que celui-ci.*

J. Notre grammaire ne parle pas des pronoms personnels *lui*, *elle*, *eux*, précédés d'une préposition, et de *à qui*, *de qui*, *sur qui*, en rapport avec des noms de personne.

Le M. Il est si naturel d'employer *à lui*, *à elle*, *à eux*, ou *de lui*, *d'elle*, *d'eux*, *à qui*, *de qui*, pour les personnes, et *y*, *en* pour les choses qu'il eût été inutile de formuler une règle pour ce fait. Il était également inutile de vous dire que *dont*, *duquel*, *desquels*, *auquel* ou *auxquels* s'emploient pour les personnes et les choses.

J. Est-ce que *en* et *y* ne sont jamais en rapport avec des noms de personne ?

Le M. Si ; *en* s'emploie pour les personnes et les choses ; mais *y* ne se peut mettre en rapport avec un nom de personne que quand ce nom est considéré comme un objet, c'est ainsi qu'on dit : *Plus on approfondit l'homme, plus on y découvre de faiblesse et de grandeur.* — *C'est un honnête homme, fiez-vous-y.*

J. Est-ce que *à lui*, *de lui*, ne s'emploient jamais avec un nom de chose ou d'animal ?

Le M. Si ; mais le cas est rare. On dit bien : *Ce livre, je lui dois mes connaissances.* — *Ce chien, je lui dois la vie.*

J. Je ne vois pas dans notre grammaire de règle sur l'accumulation des pronoms relatifs déterminant des noms différents ; pourquoi cela ?

Le M. C'est parce qu'une règle qui ne concernerait qu'un fait ne serait pas véritablement une règle. L'explication de l'accumulation des pronoms relatifs a été réservée pour notre entretien. Voici donc une phrase qui, avec sa correction, vous servira de règle : *Dans les aumônes que l'on fait, il faut avoir égard à la pudeur de ceux qui demandent, qui les trahit quelquefois, et qui découvre leur naissance malgré eux.* Il faut : *Dans les aumônes que l'on fait, il faut avoir égard à la pudeur de ceux qui demandent ; elle les trahit quelquefois, et découvre leur naissance malgré eux.*

J. Notre grammaire ne parle pas de l'emploi de *ce* devant le verbe être commençant un second membre de phrase, comme dans : *Ce que je chéris le plus, est ou c'est ton amitié.* Est-ce une omission ?

Le M. Non ; c'est parce que la répétition de *ce* dans le cas que vous citez est dans les cas analogues, est toute facultative et tient au sentiment de la personne qui parle. Or, comme on ne peut pas prescrire le sentiment, on ne peut donc donner de règle. Ce que je puis vous dire, c'est que *c'est* donne plus de force que *est*, à la pensée.

J. M., il est encore une certaine règle qui figure dans toutes mes grammaires et dont ne parle pas la nôtre; c'est celle du pronom *celui*, *celle*, etc., suivi d'un adjectif ou d'un participe passé, ou d'un modificatif quelconque ?

Le M. C'est que cette règle est tombée en désuétude et n'est plus qu'un vain écho des grammairiens.

J. Comment cela ?

Le M. Cette règle qui défend expressément de faire suivre les pronoms *celui*, *celle*, etc., d'un adjectif, d'un participe passé, ou d'un modificatif quelconque, est condamnée par tous les auteurs et par les meilleurs grammairiens modernes, tels que le *Journal grammatical*, Dessiaux, Houdard, Bescherelle aîné. Je vous dirai même que les grammairiens qui l'ont donnée dans leurs ouvrages, l'ont eux-mêmes violée sans scrupule. C'est ainsi que sans égard à leur règle, ils disent presque tous : Les adjectifs terminés en *eur* et ceux en *eux;*— les verbes en *oir* et ceux en *oire*... en sous-entendant qui *est* ou qui *sont*.

J. Alors que devons-nous faire ?

Le M. Ne vous risquez jamais. Il vaut mieux faire une phrase un peu lourde qu'une phrase étriquée ou sujette à critique ; ainsi ne dites pas : *Ceux blancs, ceux bleus, ceux rouges* (tissus) sont également bons. Il faut dire : *Les blancs*, *les bleus*, *les rouges* sont..... Ici la règle, c'est la clarté.

SEPTIÈME LEÇON.

Rapport du Verbe avec son Sujet.— Répétition du Sujet et du Verbe.— Emploi de l'Indicatif présent par opposition avec l'Imparfait, et du Futur par opposition avec le Condition-nel. — Emploi du Subjonctif

DIALOGUE:

J. Vous nous avez promis, dans une de nos précédentes leçons,—la dix-huitième,—je pense,—de nous enseigner le

rapport de la dénomination des temps avec leur emploi ; n'est-
ce pas ici le moment?

Le M. Vous avez une bonne mémoire et l'esprit d'à-propos.
L'explication que vous demandez sera très-longue ; je crains
fort qu'elle ne vous endorme.

J. Jamais vos explications, M. , m'ont produit cet effet.
Ainsi, comptez sur notre attention.

Le M. Alors voici mon explication : L'*Indicatif présent* annonce l'action du verbe d'une manière affirmative, présente et
absolue : *j'écris.* — L'*Imparfait* affirme l'action d'une manière
moins absolue et dans un temps passé : *j'écrivais, je crois, lorsque vous êtes entré.* — Le *Passé défini* affirme l'action d'une
manière absolue, pour un temps défini ou expiré : *j'écrivis hier.*
— Le *Passé indéfini* exprime l'action d'une manière absolue,
mais pour un temps défini ou indéfini par lui-même : *j'ai écrit
ce matin.* — Le *Passé antérieur* exprime une action faite avant
le temps marqué par le passé défini : quand *j'eus écrit.* — Le
Plus-que-parfait exprime que l'action a été faite avant le
temps indiqué par l'imparfait : *j'avais fini lorsque vous êtes
arrivé.* — Le *Futur* affirme d'une manière absolue que l'action aura lieu : *j'écrirai.* — Le *Futur composé* affirme que
l'action aura lieu après une autre qui devra se faire : *quand
j'aurai fini le travail que je dois faire.* — Le *Conditionnel
présent* exprime que l'action est subordonnée à une condition :
j'écrirais si je le pouvais. — Le premier *Conditionnel passé*
marque que la chose aurait été faite si telle ou telle condition
s'était présentée : *j'aurais écrit si j'en avais reçu l'ordre.* —
Le *deuxième Conditionnel passé* exprime la même pensée que
le premier Conditionnel passé, et n'est qu'une seconde forme
de ce temps : *j'eusse écrit si l'on me l'eût ordonné.* — L'*Impératif* exprime le commandement d'une manière absolue :
travaillez. — Le *Subjonctif présent* exprime d'une manière incertaine, douteuse, subordonnée, que l'action doit se faire ou
se fera : *je doute que vous écriviez.* — Le *Subjonctif passé*
exprime que l'action est incertaine, douteuse, et n'aura lieu
qu'antérieurement au temps marqué par le Subjonctif présent :
il faut que vous ayez écrit avant demain. — L'*Imparfait* exprime une idée d'incertitude, mais pour un temps conditionnel :
je serais content qu'il écrivît, — s'il écrivait ou qu'il écrirait.
— Le *Plus-que-parfait* exprime une idée d'incertitude ou de
conditionnel pour un temps antérieur à l'Imparfait : *nous au-*

rions souhaité qu'ils eussent écrit avant le temps fixé. —
L'*Infinitif* exprime une affirmation générale pour un temps indéfini ou indéterminé, soit présent, soit passé : *il faut, il
fallait, il faudrait écrire.*

J. Toutes ces explications se comprennent assez bien ; mais
s'il fallait les apprendre par cœur, ce serait bien la mer à
boire.

Le M. Ce ne sont pas de ces choses qu'on doive apprendre
par cœur. Il suffit qu'on les comprenne.

J. Dans la même leçon, — la dix-huitième ; — vous nous avez
promis encore de nous expliquer les modes, n'est-ce pas aussi
le moment ?

Le M. Oui. Vous rappelez-vous bien que nous avons dit
que les modes sont des manières de signaler la pensée dans
les verbes.

J. Oui, M., mais à vous parler franchement, je ne comprends pas du tout ce que cela veut dire.

Le M. Cela veut dire que le verbe marque l'idée ou d'une
manière plus ou moins absolue, tel que le mode *Indicatif*; ou
d'une manière conditionnelle tel que le *Conditionnel* ; ou
d'une manière de commandement, tel que l'*Impératif*; ou
d'une manière douteuse, incertaine et toujours subordonnée,
tel que le *Subjonctif*; ou enfin d'une manière générale, comme
l'*Infinitif*.

J. Sans doute que quand on dit l'*Indicatif*, on entend tous
les temps qui composent le mode *Indicatif*, et ainsi des autres
modes ?

Le M. Evidemment.

J. Tous les temps du mode *Indicatif* affirment-ils l'idée
d'une manière égale, soit pour le présent, soit pour le passé,
soit pour le futur ?

Le M. Non, l'*Indicatif présent*, le *Passé défini*, le *Passé
indéfini* et le *Futur* affirment d'une manière plus absolue que
les autres temps de ce mode. On dira donc d'une manière
absolue : *On m'a dit que vous êtes* ou *que vous avez
été malade;* et d'une manière moins absolue, *que vous étiez
ou que vous aviez été malade.*

J. Le *Conditionnel* s'emploie-t-il toujours comme subor-
donné à une condition ?

Le M. Non, on l'emploie souvent sans condition : *Je voudrais, j'aurais voulu que vous vinssiez* ; cette phrase n'é-
nonce aucune condition.

J. Le numéro 49 signale-t-il tous les cas où l'on doive employer le *Subjonctif* ?

Le M. Non, car il est impossible de déterminer tous les cas
où le Subjonctif puisse être employé ; cela tient souvent à une
nuance de la pensée.

J. S'il en est ainsi, notre numéro 49 est une règle incomplète.

Le M. C'est vrai ; mais comme ce numéro signale tous les
cas essentiels, il faut absolument que vous vous y teniez.
Plus tard, quand votre jugement sera bien formé par la
lecture et la composition, que vous comprendrez bien toutes
les nuances de vos pensées, vous pourrez vous affranchir des
restrictions que vous impose ce numéro ; mais jusque-là, sou-
mission parfaite.

J. C'est entendu.

Le M. Nous avons dit tout-à-l'heure que le mode *Infinitif*
signale l'idée d'une manière générale ; comprenez-vous bien
ce que cela veut dire ?

J. Non, M.

Le M. Cela signifie que, soit pour le présent, soit pour le
passé, soit pour le futur, ce mode s'emploie également bien :
Je crois bien FAIRE, *j'ai cru bien* FAIRE, *je croirai bien* FAIRE
de vous rendre ce service.

J. Maintenant, nous allons aborder notre leçon, c'est-à-dire
en expliquer les numéros.

Le M. Oui, tout de suite.

J. M., j'ai à vous faire plusieurs questions sur certains numéros ; d'abord je vous prie de nous dire pourquoi au numéro
44, notre grammaire ajoute : *sans nécessité*.

Le M. C'est parce que souvent on répète inutilement le sujet
d'un verbe, comme dans cette phrase : *Où est-elle la faute ?*
au lieu de dire : *Où est la faute ?*

J. Le numéro 45 laisse beaucoup à désirer : « *Tout
verbe doit se répéter quand il change de forme ou de régime.* »
Qu'entend-on ici par forme ?

Le M. On entend par *formé*, la fonction ou le rôle, la forme active ou neutre, ou pronominale.

J. C'est-à-dire, que si un verbe est exprimé comme actif, on ne peut pas le sous-entendre comme neutre ou comme pronominal.

Le M. C'est ainsi qu'il faut entendre cette règle. Pour ce qui est du changement de régime, c'est une conséquence du changement de la forme du verbe.

J. Une petite série d'exemples serait bien nécessaire pour compléter cette explication.

Le M. En voici : *Il aime beaucoup ses enfants, mais encore plus lui-même. — Les moineaux se nourrissent et leurs petits de chenilles et d'insectes. — Il aime à jouer, mais plus encore le travail.* — Correction : *Il aime beaucoup ses enfants, mais il s'aime encore plus lui-même. — Les moineaux se nourrissent et nourrissent leurs petits de chenilles et d'insectes. — Il aime à jouer, mais il aime encore plus le travail; ou bien il aime à jouer, mais encore plus à travailler.*

J. N'y a-t-il pas d'autres cas où il soit nécessaire de répéter le verbe ?

Le M. Il y en a encore beaucoup ; mais on ne peut les préciser ; car les répétitions tiennent au sentiment, et ont souvent lieu pour donner plus de force ou de clarté aux phrases.

Le M. Avez-vous trouvé quelque autre règle qui ne soit pas signalée dans votre grammaire?

J. Oui, M., j'ai remarqué celle-ci : *Il faut répéter le sujet devant chaque verbe, quand on passe du sens affirmatif au sens négatif, et réciproquement; ou d'un temps présent à un temps passé, ou à un futur.*

Le M. Cette règle n'est pas dans votre grammaire, parce que la manière d'écrire des auteurs ne la justifie pas; on dit donc également : *Il plie et ne rompt pas; — il plie mais il ne rompt pas. — Il a été, est, et sera toujours bon chrétien; — il a été, il est, et il sera toujours bon chrétien.*

J. Autre observation. Pourquoi le numéro 46 ?... ce n'est pas une règle.

Le M. Véritablement non ; mais ce numéro vous est donné pour vous prémunir contre certaines règles qui existent dans presque toutes les grammaires et qui ne sont pas justifiées par les auteurs.

J. De fait, je me rappelle les règles dont vous voulez parler, je les ai lues.

Le M. Dites-les ?

J. Premièrement : *L'Imparfait ne doit pas s'employer pour une action qui a lieu à l'instant de la parole.* On ne dira pas : *J'ai appris que vous étiez à Paris ;* — il faut *que vous êtes.* — Deuxièmement : *Le Plus-que-parfait ne doit pas s'employer pour le Passé défini ;* on ne doit pas dire : *J'ai appris que vous aviez voyagé ;* — il faut *que vous avez.* — Troisièmement : *Le Conditionnel ne doit pas s'employer pour le Futur ;* on ne doit pas dire : *On m'a assuré que vous iriez à Rome ;* — il faut *que vous irez.*

Le M. Vous devez donc comprendre que le numéro 46, qui anéantit toutes ces règles, vous était nécessaire.

J. C'est juste.

HUITIÈME LEÇON.

Correspondance des Temps du Subjonctif avec ceux de l'Indicatif et ceux du Conditionnel, et avec l'Impératif. — Emploi de l'Infinitif et du Participe présent.

DIALOGUE :

J. Dans notre grammaire, M., la règle numéro 54 est formulée tout autrement que dans mes autres grammaires ; toutes mes autres grammaires disent dans cette règle, *s'il y a une condition exprimée dans la phrase,* et notre grammaire ne parle nullement de condition ?

Le M. La condition donnée pour base à cette règle dans toutes les grammaires est une base tout-à-fait fausse. En effet, ce n'est pas parce qu'il y a une expression conditionnelle dans la phrase qu'on met le verbe de la proposition subordonnée à l'Imparfait ou au Plus-que-parfait du Subjonctif ; mais, c'est parce que l'idée de conditionnel ou de passé existe, dans la pensée de celui qui parle ou qui écrit : il y a plus, c'est condition peut exister ou être exprimée, et que le verbe soit au Subjonctif présent.

J. Si vous vouliez avoir la complaisance de nous démontrer cela par des exemples?

Le M. Voici d'abord plusieurs exemples qui vous prouveront que la condition n'est pas nécessaire, et qu'il suffit que le Subjonctif exprime une idée de conditionnel ou de passé. — *Il n'y a aucun de ses voisins qui ne le chérisse et qui ne lui donnât* — qui ne lui donnerait — *tout ce dont il pourrait avoir besoin.* — *Il est si juste et si bon qu'il ne croit pas qu'on pût* — qu'on pourrait — *le tromper.* — *Croyez-vous qu'il pût* — qu'il pouvait ou qu'il pourrait — *échapper à tant de dangers ?* — *Je veux admettre qu'il fût contrarié* — qu'il était — *quand je me présentai chez lui.* — *Je n'admettrai jamais qu'un homme qui a de tels principes pût* — pouvait ou pourrait — *tromper quelqu'un.* — *Soit que je fusse* — que j'étais — *mal disposé.* — *Soit que j'aie perdu l'habitude de chanter, je rendis fort mal cette romance.* — *Pensez-vous qu'il voulût* — qu'il voudrait — *quitter sa famille dans un moment aussi critique ?*

J. Tous ces exemples éclaircissent et justifient parfaitement notre règle. Reste à justifier le cas où le verbe doit être au Subjonctif présent, bien qu'il y ait une condition exprimée.

Le M. Les exemples, pour ce cas, sont rares, aussi je ne vous en citerai que trois : *Je désire, si ce domestique est bon, qu'il soit à mon service.* — *Je ne voudrai jamais, s'il a un tel défaut, qu'il lui soit donné un emploi.* — *Je ne consentirai jamais, si vous remplissez bien votre charge, que l'administration vous renvoie.*

J. Voilà une question parfaitement vidée.

Le M. Désirez-vous quelques autres exemples sur le numéro 53 ?

J. Abondance de biens ne nuit jamais; vous pouvez donc ajouter de nouveaux exemples à ceux de notre grammaire.

Le M. *A vous voir si effrayé ne dirait-on pas qu'il doive vous arriver un grand malheur ?* — *Ne dirait-on pas que le médecin l'ait condamné ?* — *Il disait que la mâchoire inférieure était la seule qui ait du mouvement.* — *Elle ne saurait dire un mot qu'on ne lui en fasse aussitôt un reproche.*

— *Pourriez-vous me citer un homme à qui on n'ait rien à reprocher ?* — *Il critiquerait mes sentiments quoiqu'il soit mon ami.* — *J'avais résolu de l'envoyer en Amérique quoique j'aie beaucoup d'affection pour lui.*

J. M., une partie de vos exemples sont construits avec le Conditionnel; je croyais que les temps du Conditionnel voulaient toujours les verbes des propositions subordonnées à l'Imparfait ou au Plus-que-parfait du Subjonctif.

Le M. Excepté le cas où le verbe au Subjonctif exprime une sorte d'affirmation, car alors on doit appliquer le numéro 53.

J. Si vous vouliez faire pour le numéro 54 ce que vous avez fait pour le numéro 53, cela nous serait fort utile, car ce numéro ne semble pas suffisamment développé.

Le M. Puisque cela vous est nécessaire, voici de nouveaux exemples : *Il a ordonné que je parte demain pour Paris.* — *Dieu a créé les hommes pour qu'ils vivent en société* — *Tous les législateurs ont voulu que les enfants soient soumis à leur père.* — *Je n'ai rien dit qui doive le contrarier.* — Autre sens : *Je n'ai rien dit qui dût le contrarier,* — qui devrait ou devait. — *Il n'a dicté aucune phrase qui ne fût* — qui n'était dans son livre. — *Qui ne soit* — qui n'est dans son livre.

J. Avez-vous, M., quelque observation à ajouter au numéro 55 ?

Le M. Aucune, il suffit qu'un Infinitif ou un Participe présent ne soit pas employé d'une manière équivoque pour être irréprochable; et il n'est jamais employé d'une manière équivoque lorsqu'il s'entend, quant à son rapport, de la même manière par celui qui parle et par celui qui écoute.

J. M., l'Infinitif est-il employé d'une manière régulière dans cette phrase : *Cette robe vous a été donnée pour la raccommoder et non pour la déchirer.*

Le M. Très-régulière, car il n'y a aucune équivoque.

J. Et le Participe présent dans cette autre phrase : *L'appétit vient en mangeant ?*

Le M. Elle est aussi régulière, car il est impossible que l'esprit fasse rapporter *en mangeant* à appétit.

J. Cet entretien est-il terminé ?

Le M. Pas encore; il me reste à vous donner un conseil qui est presque une règle.

J. Nous vous écoutons, quel est ce précepte nouveau?

Le M. Lorsqu'un verbe au Subjonctif, surtout à l'Imparfait ou au Plus-que-parfait de ce mode, peut se rendre par un Infinitif, il faut le tourner par ce temps si cela peut avoir lieu sans équivoque; ainsi au lieu de dire : *Je serais fâché que vous taquinassiez cet enfant. — Ces rois ne vécurent pas assez longtemps pour qu'ils pussent mettre la dernière main à tous les projets qu'ils avaient conçus.* — Il est mieux de dire: *Je serais fâché de vous voir taquiner cet enfant. — Ces rois ne vécurent pas assez longtemps pour pouvoir mettre la dernière main à tous les projets qu'ils avaient conçus.* — Il est des Imparfaits du subjonctifs plus choquants que des barbarismes.

J. Peut-on employer plusieurs Infinitifs à la suite l'un de l'autre?

Le M. Oui, M. E., mais pourtant trois ou quatre Infinitifs qui se suivraient formeraient une phrase insupportable. Il serait mal de dire : *Je ne crois pas pouvoir faire voir cette galerie;* il faut : *Je ne crois pas que je pourrai vous faire voir cette galerie.*

NEUVIÈME LEÇON

Régimes des Verbes, des Adjectifs et des Prépositions.

DIALOGUE :

J. Et d'abord, M., n'y a-t-il que les Verbes, les Adjectifs et les Prépositions qui puissent avoir un régime?

Le M. Je crois vous avoir dit déjà que les mots de toute espèce peuvent avoir un régime ; mais que les verbes, les adjectifs et les prépositions sont les seules espèces de mots dont les régimes soient soumis à des règles, et les seules par conséquent dont on doive s'occuper.

J. J'ai vu, M., qu'outre le régime direct et le régime indirect marqué par la préposition *à* ou *de,* les verbes peuvent encore avoir d'autres régimes. Quels sont donc ces autres régimes?

Le M. Ces autres régimes sont des mots qui ajoutent aux verbes des idées de temps, de circonstances, de moyen, de but; ainsi l'exemple du numéro 56 exprime quatre régimes différents, qui sont : *Hier, — une lettre, — à votre père, — pour lui annoncer*, etc.

J. Le numéro 56 se termine par ces mots : *de manière à éviter toute équivoque ?* — Comment donc peut-on faire une équivoque dans l'emploi d'un régime ?

Le M. Voici quelques exemples qui vous le feront comprendre : *Les personnes qui reprennent ceux qui les servent avec emportement sont les plus mal servies. Avec emportement* placé après *servent*, au lieu d'être après *reprennent*, forme une équivoque. Pour que la phrase soit correcte, il faut dire : *Les personnes qui reprennent avec emportement ceux qui les servent sont les plus mal servies.* — *On voit des gens qui commettent avec beaucoup d'esprit de très-grandes fautes* ou *qui commettent de très-grandes fautes avec beaucoup d'esprit.* Il faut dire : *On voit des gens qui, avec beaucoup d'esprit, commettent...*

J. M., le numéro 61 me paraît un précepte singulièrement vague à cause de l'expression *en général.* Ne pourriez-vous pas le modifier un peu ?

Le M. Ce n'est guère possible, ce numéro est plutôt un conseil qu'une véritable règle. La seule chose que je puisse ajouter c'est que, si le verbe passif a deux régimes, l'un se marque par *de*, l'autre par la préposition *par.* Ex. : *Votre conduite sera approuvée* D'*une commune voix* PAR *les personnes sages et éclairées.*

DIXIÈME LEÇON.

Emploi des Adverbes.

DIALOGUE :

Le M. Il faut d'abord, M. E., que je vous fasse remarquer que les Adverbes sont à l'égard des Verbes, comme des régimes ou comme des attributs, et qu'ils doivent être placés de manière à éviter toute équivoque. Ainsi, il ne faut pas dire : *J'irai vous voir* probablement *demain* ou *j'irai vous voir demain* probablement ; mais il faut dire : *J'irai* probablement *vous voir demain,* parce que l'adverbe *probablement* modifie le verbe *aller.*

J. Cette règle se comprend facilement, c'est presque la répétition du numéro 56.

Le M. Je dois vous avertir que bien que l'on trouve *en définitif* et *en définitive,* on ne doit employer que *en définitive,* car l'usage s'est prononcé pour cette dernière locution.

J. Peut-on employer *comme* pour *que* dans les comparaisons ? Peut-on dire : *Aussi savant comme vous ?*

Le M. Non, dans ces sortes de phrases, *comme* serait une faute.

J. Voudriez-vous, M., nous donner d'une manière claire, et précise l'emploi de *outre* et de *en outre ?*

Le M. *En outre* ne doit pas être employé comme préposition ; il ne faut dire : *En outre de ces choses, en outre de cela.* — Il faut : *Outre ces choses, outre cela.*

J. Quelle différence y a-t-il entre ces deux phrases : *Je vous en parle savamment; — je vous en parle sciemment ?*

Le M. La première est prétentieuse, elle fait entendre qu'on parle en savant ; la seconde est raisonnable et convient toujours.

J. Dit-on : *Depuis six mois* ou *il y a six mois que je ne l'ai pas vu ?*

Le M. Après *depuis que* ou *il y a* suivi d'un mot qui indique un certain temps, on supprime *pas* et *point,* quand le verbe est au passé. Il faut dire : *Depuis six mois* ou *il y a six mois que je ne l'ai vu.* Mais si le verbe est au présent, on emploie *pas* ou *point : Depuis six mois* ou *il y a six mois que je ne le vois pas.*

J. Quelle différence y a-t-il entre : *Je crains qu'il vienne,* et *je crains qu'il ne vienne* pas ?

Le M. C'est que la première phrase exprime un effet qu'on appréhende et la seconde une chose que l'on désire.

J. *Rien moins, rien de moins; à rien moins, à rien de moins,* me semblent des locutions qui ne sont pas toujours très-faciles à distinguer. Voudriez-vous nous donner quelque explication sur ces expressions ?

Le M. Ce que je puis vous dire sur ces locutions, c'est de

vous en tenir aux prescriptions de votre grammaire. L'Académie dit à cet égard, qu'il est bien d'éviter cette manière de parler, à cause de l'équivoque qu'elle entraîne souvent.

J. Je sais bien que l'on dit : *Je ne sais* PAS *le latin, je ne sais* PAS *la nouvelle;* mais dit-on également : *Je ne saurais pas en venir à bout ? — je ne sais pas où le trouver ?*

Le M. Dans ces deux dernières phrases il n'y a pas précisément de faute ; mais il est mieux de supprimer *pas.*

J. La leçon est-elle terminée ?

Le M. Je vais la clore par quelques phrases qui la compléteront, phrases sur lesquelles les grammairiens ont élevé des difficultés.

On dit également :

Une besogne plus d'à moitié faite — ou *— plus qu'à moitié faite.*

En moins d'un an — ou *— dans moins d'un an.*

Il vaut mieux se taire que parler mal — ou *— que de parler mal.*

Il viendra demain matin, demain soir — ou *— demain au matin, demain au soir.*

Il travaille autant que possible — ou *— autant qu'il est possible.*

Aussitôt votre lettre reçue — ou *— aussitôt que j'ai eu reçu votre lettre.*

J. J'ai encore une petite observation à vous présenter sur *tant —* numéro 64.

Le M. Et quelle est cette observation ?

J. C'est que *tant* dans *tant vaut l'homme, tant vaut la terre* est employé pour *autant.*

Le M. C'est vrai. Ce cas exceptionnel est omis dans la grammaire. Dans le langage des proverbes, on rencontre souvent de ces sortes d'exceptions; on en trouve aussi dans beaucoup de locutions adverbiales : c'est ainsi qu'on dit *tant s'en faut que... tant s'en faut qu'au contraire... tant bien que mal — tant plein que vide — bien mieux — il est bien mal — bel et bien — bon an — mal an.*

ONZIÈME LEÇON (1).

Emploi des Prépositions.

DIALOGUE :

J. Je ne vois pas, M., dans notre grammaire le moyen de distinguer l'emploi des prépositions *dans* et *en*. Est-ce que ces deux prépositions s'emploient indifféremment ?

Le M. Votre grammaire ne signale pas cette distinction, parce que sans doute on a cru cela inutile. En effet, pour peu qu'on sache parler sa langue, on n'emploie jamais ces deux prépositions l'une pour l'autre.

J. Pourtant, M., je ne serais pas fâché d'en connaître la distinction.

Le M. Il est facile de vous satisfaire.—*Dans* marque un sens précis et déterminé. Ex. : *La politesse règne plus dans la capitale que dans les provinces. En* marque un sens vague et indéterminé. — *Il est en province,* — *en pension.*

J. Voilà pour les lieux ; mais s'il s'agit de temps ?

Le M. Lorsque *dans* et *en* s'emploient pour marquer le temps, *dans* avec son régime répond à la question *quand* et *en* à la question *en combien de temps ?* Ex. : *La mort arrive* QUAND ? *dans le moment qu'on y pense le moins ;* — et l'on passe EN *combien de temps ?* — EN *un instant des plaisirs au tombeau.*

J. Mais cela ne peut pas me faire encore comprendre la différence de sens de ces deux phrases : *Il arrivera en trois jours.* — *Il arrivera dans trois jours.*

Le M. *Il arrivera en trois jours,* marque qu'il sera trois jours en chemin. — *Il arrivera dans trois jours,* annonce qu'il sera arrivé le troisième jour.

J. Je comprends ; c'est comme quand on dit : *Il fera sa tournée en huit jours* (il y mettra huit jours). — *Il fera sa tournée dans huit jours* (il la commencera dans huit jours).

Le M. Est-ce tout ?

1) Le numéro de cette leçon est mal indiqué dans la grammaire.

J. J'ai encore à vous demander si l'on dit également : *Il est en âge — en l'âge — dans l'âge — à l'âge — d'âge — de s'établir ?*

Le M. On emploie toutes ces expressions; cependant *en l'âge* est une expression peu usitée.

J. Encore une question. Je sais qu'on dit *hors cela, hors cet article, hors votre observation, hors de la maison, hors la maison.* Mais *hors* n'est-il jamais suivi de *de* ni de *que* avec un verbe ?

Le M. *Hors* prend *de* devant un infinitif. Ex. : HORS *de le battre, il ne peut le traiter plus mal;* — et *que* devant un autre temps : *Il lui a fait toutes sortes de mauvais traitements,* HORS *qu'il ne l'a pas battu.*

J. Dernière question : Dit-on également *jusqu'aujourd'hui, jusqu'à aujourd'hui; jusqu'à hier, jusqu'hier ?*

Le M. Oui, M. E., excepté *jusqu'hier*, qui ne se dit pas ; on ne dit pas non plus *jusqu'au jour d'aujourd'hui.*

DOUZIÈME LEÇON.

DERNIER DIALOGUE.

J. Pourquoi, M., ce dialogue est-il le dernier, puisqu'il nous reste encore trois leçons de grammaire à apprendre?

Le M. Parce que ces trois leçons ont des règles complètes ; je veux dire des règles qui n'appellent aucun commentaire, aucun développement.

J. J'ai pourtant quelques explications à vous demander sur chacune de ces leçons.

Le M. Il se peut ; mais je ne vois pas sur quels numéros vous pouvez en avoir besoin.

J. Je désire savoir si l'emploi de la conjonction *et* est une faute réelle entre les mots synonymes ou placés par gradation.

Le M. Absolument, non ; on peut trouver beaucoup de phrases dans les auteurs où la conjonction *et* est employée ; mais il est mieux de s'en abstenir.

J. Autre question. Est-ce qu'on n'emploie jamais *et* dans les phrases négatives?

Le M. La seule exception que je connaisse, c'est lorsqu'on lie une proposition négative à une proposition affirmative comme dans *je plie et ne romps pas.*

J. Pourquoi notre grammaire ne donne-t-elle aucune règle sur la place des conjonctions?

Le M. Parce que la place des conjonctions ne peut être prescrite.

J. Il n'y a donc aucun ordre à observer pour l'arrangement des propositions liées par les conjonctions?

Le M. La seule remarque que je puisse vous faire, c'est que les propositions liées par des conjonctions doivent être placées par ordre de longueur. Cette remarque toutefois est plus un effet de l'harmonie des phrases qu'une loi de la conjonction, car quand même les propositions ne seraient pas liées par des conjonctions, il faudrait tout de même observer cette loi.

J. Maintenant je passe aux verbes. J'ai une grammaire qui dit : *Imiter* ne se dit que d'un modèle d'écriture que l'on copie trait pour trait : *Imiter une exemple d'écriture.* Hors ce cas on dit suivre l'exemple : *Il* suit *l'exemple de ses ancêtres.* Pourquoi cette règle est-elle omise dans notre grammaire?

Le M. Parce qu'elle est défectueuse. D'abord l'Académie veut *exemple* toujours du masculin; puis elle admet qu'on dise *suivre* ou *imiter* un exemple soit dans le sens propre, soit dans le sens figuré. *Suivre* bien son exemple, c'est ne pas passer de mot, pas de signe de ponctuation; *imiter* son exemple, c'est faire les lettres aussi ressemblantes que possible. *Suivre l'exemple de son père,* c'est marcher dans la vie de la même manière que lui; *imiter l'exemple de son père,* c'est prendre son père pour modèle, le copier en tout.

J. Sur le verbe *éclairer,* la grammaire dont je vous parle donne une explication toute différente de la nôtre; elle veut qu'on dise *éclairer à quelqu'un* lorsqu'il s'agit d'éclairer avec une chandelle, un flambeau; et hors ce cas elle veut qu'on dise *éclairer quelqu'un.*

Le M. Cette grammaire rêve, car l'Académie dit toujours éclairer quelqu'un au propre comme au figuré. Elle fait même entendre *qu'éclairer à quelqu'un* ne se dit plus.

J. Je veux borner-là mes observations sur les verbes, car je prévois que cela nous entraînerait trop loin.

Le M. Vous avez raison. Si nous voulions examiner ainsi tous les verbes ce serait un travail sans terme. Cette étude appartient à la littérature plutôt qu'à la grammaire.

J. Passons, s'il vous plaît, à la Ponctuation. Il me semble que cette leçon a besoin de quelques développements.

Le M. Bien moins sans doute que vous ne pensez, car après les règles données dans la leçon, c'est le sentiment, l'intelligence, le goût qui déterminent la ponctuation ; elle dépend du sens intime des personnes qui écrivent. La ponctuation — après les règles de la grammaire, applicables aux cas généraux — c'est le cachet du caractère ; elle dépend de l'énergie ou de la faiblesse de l'âme.

J. S'il en est ainsi, une composition sur la ponctuation n'est donc qu'une chose d'appréciation ?

Le M. Il n'en peut être autrement. Il est impossible de trouver deux personnes qui ponctueraient le même discours absolument de la même manière : il serait même difficile de trouver une personne qui ponctuerait deux fois à des temps différents une lettre de la même manière.

J. Maintenant, M., il ne nous reste plus qu'à vous demander un conseil pour entretenir ou pour augmenter nos études grammaticales.

Le M. Le seul que je puisse vous donner, c'est d'abandonner entièrement les grammaires des écoles, et de ne lire que des grammaires de *faits* comme la *Grammaire des Grammaires*, la *Grammaire nationale* de Beschérelle ; le *Manuel grammatical* de Boniface ; le *Dictionnaire des difficultés de la langue française*, par Laveaux ; la *Grammaire* de Lemare et celle d'Houdard ; et surtout le *Dictionnaire de l'Académie*.

J. Je ne trouve en cela qu'une difficulté, mais grande comme une impossibilité ; car comment nous procurer ces ouvrages ?

Le M. Alors, voici un autre moyen : Lisez les bons livres, comme Racine, Boileau, le *Petit Carême* de Masillon, Châteaubriand, Lamartine, Thiers, Henri Martin, Fénélon, etc.

J. Cela est plus facile, et sera sans doute plus amusant.

FIN.

SAINT-QUENTIN. — IMPRIMERIE DOLOY ET PENET AINÉ.

www.ingramcontent.com/pod-product-compliance
Lightning Source LLC
Chambersburg PA
CBHW060601100426
42744CB00008B/1268